DICTIONNAIRE
FRANÇAIS-SOMALI
POUR DÉBUTANTS

Qaamuuska Faransiiska-Soomaali
loogu talagalay ardayda billowga ah

Par L. A. Ahmad

Tusmada buugga: Table des matières

Hordhac

Qaamuuskan Faransiis-Soomaali waxaa si gaar ah loogu talaga-lay ardayda billowga ah. Ereyada qaamuskan ku jira waxay kor u dhaafayaan 1,700 oo erey. Qaamuuskani waa barasho kaabe kaa caawin doona inaad barato Faransiiska.

Erey kasta waxaa lagu muujiyay tusaale labada af si lagaaga caawiyo inaad fahamto oo isticmaasho ereyada. Haddii aad u baranayso Faransiiska shaqo, waxbarasho ama waqti-qaadasho, qaamuuskani wuxuu noqon doonaa wehelkaaga.

Erayada iyo hadallada inta badan la isticmaalo ka sokow, hordhac kooban oo ku saabsan naxwaha Faransiiska ayaa qaamuuska sidoo kale ku qoran. Waxaad heli doontaa sharraaxaad cad oo kooban ku saabsan naxwaha Faransiiska. Qaamuuskani wuxuu ka caawin doonaa ardayga billowga ah inuu sii hagaajiyo xirfad-diisa tarjumista. Erey kasta waxaa ku xiga sooc naxweedkiisa.

Qaamuuskani waa kii ugu horreeyay oo noociisa ah loogu talaga-lay ardayda Soomaaliyeed billowga ah oo u baranaysa Faransiiska af labaad ahaan, aad ugu habboon laga billaabo heerka A1 ilaa B2.

Waxaan rajaynayaa in qaamuuskani ka caawin doono ardayda billowga ah inay gaaraan hadafkooda waxbarasho. Nasiib wanaagsan!

L. A. Ahmad ,
Manchester, Boqortooyada Midowday (United Kingdom)

Introduction

Ce dictionnaire français-somali est spécialement conçu pour les débutants. Avec plus de 1700 mots et expressions couramment utilisés. Ce dictionnaire est a moyen d'apprentissage qui vous aidera à vous familiariser avec la langue française.

Chaque entrée est illustrée avec des exemples bilingues pour vous permettre de comprendre et d'utiliser les mots et expressions dans leur contexte. Que vous appreniez le français pour le travail, les études ou le plaisir, ce dictionnaire sera votre compagnon.

En plus des mots et expressions, ce dictionnaire comprend également une brève introduction à la grammaire française. Vous y trouverez des explications claires et concises des parties du discours en français. Le dictionnaire aidera le débutant à perfectionner ses compétences de traduction. Chaque entrée est suivie de sa catégorie grammaticale.

Il s'agit du premier dictionnaire de ce genre, destiné aux débutants somaliens apprenant le français comme langue seconde, idéal pour les étudiants de niveaux A1 à B1.

J'espère que ce dictionnaire aidera les débutants à atteindre leurs objectifs d'apprentissage linguistique. Bonne chance !

L. A. Ahmad ,
Manchester, Royaume-Uni.

Sida qaamuuskan loo isticmaalo

Qaamuuskani wuxuu ka kooban ereyo kor u dhaafaya 1700 oo ku jira weedho si ardaygu u fahmo isticmaalka saxa ah ee ereyada. Ereyga gelitaanka ah midabkiisu waa buluug tusaale **stylo**. Waxaa ku xiga nooca naxwaha ee ereyga(sooc naxweedkiisa) '**classe grammaticale'** – *nom masculin* , iyo ereyga Soomaaliga ah oo u dhigma (qalin). Ereyadu waxay u kala horreeyaan hab waafaqsan alifbeetada Faransiiska A ilaa Z. Sida ugu wanaagsan oo aad erey macnihiisa u baran karto waa inaad aragto Isaga oo la isticmaalay (isaga oo weedh ku jira).

Ereyada qarkood dhowr macne ayay leeyihiin. Weedhaha ay ku jiraan ayaad ku ogaan doontaa sida loo isticmaalo. Caynta magac ama sifo (lab ama dheddig) waxay ku xigtaa magaca, tusaale **voiture** *nom féminin* Gaari. Magacyada qarkood sida **dentiste** waxaa ku xiga ereyga *nom* oo la macne ah magac. Ereyadan aan cayntooda la sheegin waxaa loo isticmaali karaa lab ama dheddig. Tusaale: 1. **La dentiste est prête:** Dhakhtaradda ilkuhu waa diyaar. 2. **Le dentise est prêt.** Dhakhtarka ilkuhu waa diyaar.

Marka aad fal isku soo noqda *promonimal verbe* sida *s'échapper* ama *se coucher* ka eegaysid qaamuuskan ka eeg xarafka ku xiga se ama s' si aad u ogaato xarafka kowaad uu falku ku billowdo.

Falalka qarkood sida **adhérer** waa fal gudba 'verbe transitif' (u baahan la-fale 'objet') Waxaa jira fal aan gudbe ahayn 'verbe intransitif' (keliya u baahan *fale 'sujet'*). Fiiro gaar ah u yeelo sida loo isticmaalo falalkan. Sifooyinka qaar baa lab iyo dheddig kala leh sida **content, contente** (faraxsan).

Magacyada qarkood ayaa lab iyo dheddig kala leh sidoo kale, sida **joueur** (ciyaaryahan) iyo **joueuse** (ciyaaryahanad), **patient** (bukaan), **patiente** (bukaan), **paysan** (beeraley), **paysanne** (beeraley).

Erey kasta oo faransiis ah weedh ayaa la galiyay oo loo tarjumay af Soomaali si macnaha iyo adeegsiga saxa ah aad u garato. Sababtu waa in ay jiraan ereyo badan oo af Soomaali ah oo laba macne leh sida **dun** (*aiguille*): Irbad iyo dun. **Une aiguille et un fil**; iyo **dun** (*s'effondrer*): Dhismuhu wuu soo dumi rabaa. **Le bâtiment est sur le point de s'effondrer.**

Ereyada Faransiiska qaarkood ayaa yeesha sooc naxweedyo kala duduwan, tusaale **droit**, *adjectif* (midig), **droit,** *nom masculin* (sharci; xaq), **droit,** *adverbe* (toos , marka qof meel loo tilmaamayo).

Falalka Faransiiska qaarkood ayaa noqda fal gudbe ah ama fal ma gudbe ah tusaale: **perdre** *verbe intransitif* (lun) iyo **perdre** *verbe transitif* (lumi). Magacyada Faransiiska qaarkood ayaa lab iyo dheddig noqon kara oo yeesha macnayaal kala duduwan tusaale **tour** *nom féminin* (taawar): **La tour Eiffel.** Taawarka Eiffel), iyo **tour** *nom masculin* (mar, kaltanka). **C'est ton tour.** Waa markaaga. Erey waxaa la baran og yahay marka uu weedh ku jiro.

Qaybaha Hadalka (Parties du discours)

Qaybaha hadalka ee Faransiisku waa siddeed. Waxay kala yihiin:

1) Les adjectifs | Sifooyinka

Sifada Faransiisku waxay ku xiran tahay caynta (laba ama dheddig) ama tirada magaca (keli ama jamac). Sifooyinka qaarkood way ka horreeyaan magaca, qaarkoodna way ka dambeeyaan magaca.

Une *grande* maison. Guri weyn.
La *grande* maison. Guriga weyn.
Des *grandes* maisons. Guryo waaweyn.
Les *grandes* maisons. Guryaha waaweyn.
Un lit *neuf.* Sariir cusub.
Le lit *neuf.* Sariirta cusub.
Des lits *neufs.* Sariiro cuscusub.
Les lits *neufs.* Sariiraha cuscusub.

2) Les adverbes | Falkaabyada

Shaqooyinka falkaabku qabto waxaa ka mid ah sheegista sida falku u dhacay, goorta uu fal dhacay ama goobta uu ka dhacay.

je parle *lentement.* Waxaan u hadlaa si deggan (habka 'les adverbes de manière')

Où se trouve la pharmacie la plus proche? Halkee buu ku yaallaa farmashiyaha ugu dhow? (Falkaab weyddiimeed 'Les adverbes interrogatifs')

Elle arrivera *demain.* Waxay iman doontaa berri. (falkaab waq-tiyeed 'les adverbes de temps').

Elle est *là.* Waxay joogtaa halkaas (falkaab meeleed 'les adverbes de lieu').

3) Les déterminants | Cayimayaasha

Cayimayaasha Faransiisku waxay ku saabsan yihiin caynta (lab ama dheddig) ama tirada magaca.

Les articles | Qodobbada

Le, la,l' les ; un, une, des ; du, de, d' de la, des

Waxaa ka mid ah ah qodobbada ka hormara magaca. Waxay iskugu jiraan qodob magac keli ah ama magac jamac ah muujiya.

Qodob keli ah oo magac lab ama dheddig ah

Un bureau. Xafiis

Une maison. Guri.

Le bureau. Xafiiska.

La fille. Gabarta.

Une école. Dugsi.

Un homme. Nin.

L'école. Dugsiga. (marka magacu ku billowdo shaqal qodobku wuxuu noqdaa *l'*).

L'homme. Ninka (marka magacu ku billowdo *h* aamusan 'muet' qodobku wuxuu noqdaa *l'*.).

La hache. Faaska (marka magacu ku billow *h* la neefiyay '*aspiré*' qodobku wuxuu noqdaa *la/le*).

Les bureaux. Xafiisyada

Les filles. Gabdhaha

Des maisons. **Guryo**

La porte **du** magasin. Albaabka dukaanka.

Le stylo **de la** fille. Qalinka gabadha

La voiture **d'**Aadan. Gaariga Aadan.

La maison **de** Guuleed. Guriga Guuleed.

Cayimayaasha lahaansho | Les determinants possessifs

mon, ma, mes; ton, ta, tes ; son, sa, ses ; notre, nos ; votre, vos ; leur, leurs

Mon stylo. Qalinkayga

Ma voiture. Gaarigayga

Ton livre. Buuggaaga

Ta montre. Saacaddaada.

Son lit. Sariirtiisa/ sariirteeda.

Sa voiture. Gaarigiisa/gaarigeeda

Notre maison. Gurigeenna.

Nos clés. Furayaasheenna.

Leur maison. Gurigooda.

Leurs maisons. Guryahooda.

4) Les conjonctions | Xiriiriyayaasha

Xiriiriyayaasha Faransiiska waxaa ka mid ah *parce que*, ou, iyo *et*.

Je bois de l'eau parce que j'ai soif. Waxaan cabayaa biyo waayo waan oommanahay.

Sahra et sa sœur sont là. Sahra iyo walaasheed ayaa jooga halkaas.

De l'eau ou du lait. In biyo ah ama in caano ah.

5) Les noms | Magacyada

Magaca Faransiisku waa lab ama dheddig marka uu keli ama jamac yahay. Qodob ayaa raaca marka uu keli yahay ama jamac yahay. Waxaa jira magac guud (**noms communs**) oo ku saabsan hal qof (**garçon**: wiil), xayawaan (**chat**: bisad), wax (**maison**: guri), meel (**ville**: magaalo) iyo fikrad (**paix**: nabad). Waxaa kale oo jira magac gaar ah (**noms propres**) waa magaca qof, qoys, magaalo, dal, webi, gobol, tusaale ahaan Jamaad, Taleex, Faransiiska, Awdal.

Magacyo lab ah

Un stylo. Qalin
Le stylo. Qalinka
Les stylos. Qalimmada
Des stylos. Qalimmo
Un arbre. Geed
L'arbre. Geedka

Magacyo dheddig ah

Une table. Miis
La table. Miiska
Les tables. Miisaska
Des tables. Miisas
Une étoile. Xiddig
L'étoile. Xiddigta
Les étoiles. Xiddigaha
Des étoiles. Xiddigo
Du lait. In caano ah.
De la viande. In hilib ah.

6) Les prépositions | Meeleeyayaasha

Meeleeyaha Faransiiska waxaa ka mid ah *à côté de, derrière, vers,* iyo *entre.*

Le magasin est *à côté de* la pharmacie. Dukaanku wuxuu ku xigaa farmashiyaha.

L'école est *derrière* la clinique. Dugsigu wuxuu ka dambeeyaa rugta caafimaadka.

Je vais *vers* le marché. Waxaan u socdaa suuqa.

La moto est entre deux voitures. Mootadu waxay u dhexeysaa labo gaari.

7) Les pronoms | Magac u yaallada

Magac u yaalka Faransiisku wuxuu beddeelaa magaca. Waxaa jira magac u yaal qofeed sida *je, elle, il, nous, ils, ells, on iyo me.*

Je parle trois langues. Waxaan ku hadlaa seddex af.

Elle est prête à aller au marché. Iyadu waa diyaar si ay suuqa u tagto.

On va à la fête ce soir. Waa la tagayaa xafladda caawa/ waxaannu tagaynaa xafladda caawa.

Samiira me donne sa voiture. Samiira waxay i siinaysaa gaarigeeda.

Faysal vous offre son vélo. Faysal wuxuu ku siinayaa bushkuleetigiisa.

8) Les verbes | Falalka

Falalka Faransiisksu waxay iskugu jiraan falalka toosan oo seddex kooxood ah (ku dhammaada *er, ir* iyo *re*) , iyo falal aan toosnayn oo isrogroggoodu (*conjugaison*) ka duwan yahay falalka seddexda kooxood.

Elle *parle* français. Waxay ku hadashaa Faransiis.

Quand *finissez*-vous vos devoirs? Goormaad shaqadaada guriga dhammaynaysaa?

J'ai *perdu* mes clés. Waxaan lumiyay furayaashayda.

Aadan *va* au centre-ville plus tard. Aadan wuxuu hadhow tagayaa bartamaha magaalada.

Sahra ne *boit* pas de thé. Sahra may cabto shaah.

Elle *est* heureuse. Way faraxsan tahay.

A

à *préposition* 1. U. **Nous allons à Garoowe.** Waxaannu u soconnaa Garoowe. 2. Loo isticmaalo meesha qof uu ku sugan yahay. **Il est à la maison.** Wuxuu joogaa guriga. 3. Loo isticmaalo marka waqti la sheegayo. **Elle arrivera à deux heures**. Waxay iman doontaa labada. 4. Loo isticmaalo marka qarni la sheegayo , lala isticmaalo le). **Au vingt et unième siècle.** Qarniga kow iyo labaatanaad. 5. Leh. **L'homme à la moustache blanche**. Ninka shaarubaha cad leh. 6. Lala isticmaalo fal (*verbe*). **Ce roman est très intéressant à lire.** Qisadan xiise ayay leedahay in la akhriyo.

a *verbe* eeg **avoir**. 1. Leeyahay/ leedahay (iyada)**. Il a un vélo.** Wuxuu leeyahay bushkuleeti. 2. Fal caawiye ah oo waqtiga tagay loo isticmaalo. **Elle a mangé une pomme.** Waxay cuntay hal tufaax.

abandoner *verbe intransitif* 1. Ka tag. **Elle n'abandonne pas son chien**. May ka tagto eygeeda. 2. Iska dhaaf (hawl aad qabato). **J'ai abandonné mes études pour travailler.** Waan ka tagay waxbarashadaydii si aan u shaqeeyo.

abattre *verbe* 1. Jar (geed). **Il est illégal d'abattre un arbre.** Waa sharcidarro in geed la jaro. 2. Dumi. **Qui a abattu le mur?** Yaa dumiyay darbiga?

abimer *verbe transitif* 1. Waxyeellee (wax). **Est-ce que le soleil abîme la peau?** Miyay qorraxdu waxyeellaysaa maqaarka? 2. Hallee. **J'ai abîmé mon parapluie.** Waan halleeyay dalladdayda.

abonnement *nom masculin* Xubinnimo. **Quand est-ce que je peux renouveler mon abonnement au club de lecture?** Goorma ayaan cusboonaysiin karaa xubinnimadayda naadiga wax akhriska?

s'abonner *verbe pronominal* Rukumo (lala isticmaalo *à*) . **J'ai décidé de m'abonner à ce magazine pour recevoir les dernières nouvelles.** Waxaan go'aansaday inaan rukunto majaladdan si aan u helo wararka ugu dambeeya.

abordable *adjectif* 1. La goyn garo (iibsasho). **Un prix abordable.** Sicir la goyn karo. 2. Furfuran. **Une personne abordable.** Qof furfuran.

aborder *verbe* Ka hadal (arrin). **Je aborde un problème difficile.** Waxaan ka hadlayaa dhibaato adag.

absolument *adverbe* Gebi ahaanba. **J'y crois absolument.** Waan rumeysnahay taas gebi ahaanba.

acceptable *adjectif* La aqbali karo. **C'est ne pas acceptable.** Lama aqbali karo.

accepter *verbe transitif* Aqbal. **J'ai accepté ses excuses.** Waan aqbalay raalligelintiisa (uu bixiyay; *excuses mar kasta waa jamac*).

accident *nom masculin* Shil. **Un accident s'est produit sur la route.** Shil baa ka dhacay waddada.

acclaimer *verbe transitif* U riyaaq. **Son nouveau livre a été acclamé comme un travail basé sur une recherche originale.** Buuggiisa cusub waxaa loogu riyaaqay inuu yahay shaqo ku salaysan cilmibaaris asal ah (aan hore loo samaynin).

accompagner *verbe transitif* Raac. **Tu m'accompagnes?** Miyaad i raacaysaa?

accord *nom masculin* 1. Ku raacsan (lala isticmaalo *être...d'*). **Je suis d'accord.** Waan ku raacsanahay. 2. Ku raacsan (lala isticmaalo *avec*). **Elle est d'accord avec toi.** Way kugu raacsan tahay. 3. Hagaag, waa yahay. (lala isticmaalo *d'*). **D'accord.** Hagaag.

accourir *verbe intransitif* 1. Degdeg. **L'ambulance accourut sur les lieux de l'accident.** Ambalaastu waxay u degdegtay goobta shilka. 2. Orod. **Le chien a accouru vers nous.** Eygu wuxuu u soo orday dhankeenna.

accueil *nom masculin* Soo dhoweyn. **Je m'occupe de l'accueil des invités.** Waxaan u xilsaarnahay soo dhoweynta martida.

accueillant, accueillante *adjectif* Soo dhoweyn-badan. **Le personnel de l'hôtel est très accueillant.** Shaqaalaha hoteelku aad ayay u soo dhoweyn-badan yihiin.

accueillir *verbe transitif* 1. Martigali. **En 2022, le Qatar a accueilli la Coupe du monde.** Qadar ayaa 2022kii martigalisay Ciyaaraha Adduunka. 2. Soo dhowee. **Je vais accueillir mon ami à la gare.** Waxaan saaxiibkay ku soo dhoweynayaa saldhigga tareenka. 3. Deji (meel). **Nous allons accueillir des invités dans deux maisons.** Waxaannu martida dejinaynaa laba guri.

accuser *verbe transitif* Ku eedee (lala isticmaalo *de*). **Ils l'ont accusé de vol.** Waxay isaga ku eedeeyeen xatooyo,

acheter *verbe transitif* Iibso. **Elle va acheter des gâteaux à la pâtisserie.** Waxay doolshe ka iibsanaysaa dukaanka doolshaha.

achever *verbe transitif* Dhammaystir. **Je veux achever de peindre ma chambre plus tard.** Waxaan doonayaa inaan dhammaystiro rinjiyeynta qolkayga hadhow.

acquérir *verbe transitif* 1. Yeelo. **Nous allons acquérir dix pour cent de la société.** Waxaannu yeelanaynaa boqolkiiba toban shirkadda. 2. Qaado (dhalasho). **Quand a-t-il acquis la nationalité française?** Goormuu qaatay dhalashada Faransiiska?

acte *nom masculin* 1. Ficil. **Je te juge sur tes actes.** Waxaan kugu qiimaynayaa ficilkaaga (waxa aad samayso; *actes* mar kasta waa jamac macnahan). 2. Sharci (baarlamaan ka soo baxay). **Acte administratif.** Sharci maamul.

acteur, actrice *nom* Jilaa. **Brad Pitt est un acteur célèbre.** Brad Pitt waa jilaa caan ah.

action *nom féminin* Ficil. **Les gens vous jugent sur vos actions.** Dadku waxay kugu qiimeeyaan ficilladaada.

activité *nom féminin* Waxqabad. **J'aime participer à des activités sportives comme le tennis et la natation.** Waxaan jeclahay inaan ka qeybgalo waxqabadyada ciyaaraha sida teeniska iyo dabaasha.

actualités *nom féminin pluriel* Warar. **Elle regarde les actualités.** Waxay daawataa wararka.

actuel, actuelle *adjectif* Haddadan. **Quel est le cours actuel de l'euro?** Waa maxay sarrifka haddadan ee Yuurada?

addition *nom féminin* Biil (marka qof maqaayad ka cunteeyo). **L'addition, s'il vous plaît!** Biilka noo keen, adigoo mahadsan!

adhérer *verbe intransitif* Ku dhag. **La colle adhère bien au mur.** Koolladu (xabagtu) si fiican ayay darbiga ugu dhagaysaa.

adhérer *verbe transitif* Ku biir. **J'ai adhéré à ce club l'année dernière.** Waxaan ku biiray naadigan sanadkii hore.

adhésion *nom masculin* 1. Taageero. **Le manager peut-il recevoir l'adhésion de tous les membres du comité?** Miyuu maamuluhu heli karaa taageerada xubnaha guddiga oo dhan? 2. Xubinnimo. **L'adhésion à ce programme vous permet d'accéder à cours de langues gratuits.** Xubinnimada barnaamijkan waxay kuu oggolaanaysaa inaad hesho koorasyo afaf ah oo lacag la'aan ah.

adieu *interjection* Erey la isticmaalo marka la is nabadgalyaynayo. **Adieu!** Nabadgelyo!

adjoindre *verbe transitif* Ku dar. **Les architectes ont adjoint une nouvelle aile au bâtiment.** Naqshadeeyayaashu waxay qeyb cusub ku dareen dhismaha.

admettre *verbe transitif* 1. Qiro. **Je dois admettre que j'ai eu tort.** Waa inaan qirto inaan qaldanaa. 2. U oggol. **Les chiens ne sont pas admis dans ce restaurant.** Eeyaha looma oggola maqaayaddan.

adorer *verbe transitif* Jecel. **Elle adore jouer au tennis.** Waxay jeceshahay inay ciyaarto teeniska.

adresse *nom féminin* Cinwaan. **Quelle est votre adresse?** Waa maxay cinwaankaagu?

17

adresser *verbe transitif* Dir (war-qad). **Est-ce que tu m'as envoyé une lettre la semaine dernière?** Miyaad warqad ii soo dirtay toddo-baadkii hore?

adulte *nom masculin* Qof qaangaar ah. **Dans certains pays, un adulte est une personne âgée de plus de 18 ans.** Dalalka qaarkood qof qaan-gaar ihi waa qof da'diisu ka badan tahay 18 sano.

aéroport *nom masculin* Gegi diyaa-rad. **L'aéroport est trop loin de mon quartier.** Gegida diyaa-raddu aad ayay uga fog tahay xaafaddayda.

affaires *nom féminin pluriel* 1. Alaab (qof leeyahay). **Où sont mes affaires?** Meeye alaabtaydii? 2. Ganacsi. **Est-ce que les affaires marchent bien en ce moment?** Miyuu ganacsigu hadda si fiican u socdaa?

afficher *verbe transitif* 1. Ku dheji. **Le magasin a affiché les prix de ses produits à l'entrée.** Dukaanku wuxuu sicirrada badeecaddiisa ku dhejiyay albaabka. 2. Muuji. **L'ordinateur affiche un message d'erreur.** Kombuyuutarku wuxuu muujinayaa calaamad khalad ah.

affreux, affreuse *adjectif* Ba'an, aad u xun. **Un crime affreux.** Dambi ba'an.

affronter *verbe transitif* Wajah. **Je dois affronter mes peurs.** Waa inaan wajaho cabsidayda.

s'affronter *verbe pronominal* Iska hor imow (tartan). **Les deux équipes vont s'affronter en finale.** Labada kooxood waxay iskaga hor imanayaan ciyaarta kama dam-baysta ah.

affûter *verbe transitif* Soofee, afee. **Le cuisinier affûte le couteau.** Cunto-kariyuhu wuxuu afaynayaa mindida.

afin *preposition* Si... (lala isticmaalo *de*). **Nous économisons de l'argent afin de voyager cet été.** Waxaannu keydinaynaa lacag si aannu u safarno xagaagan.

âge *nom masculin* 1. Da'. **Quel âge as-tu?** Immisa jir ayaad tahay? 2. Casri. **Le Moyen Âge.** Casrigii Dhexe.

âgé, âgée *adjectif* 1. Jir (da'da, lala isticmaalo *de*). **Un enfant âgé de quatre ans.** Ilmo jira afar sano. 2. Da'weyn. **Mon père est âgé, ma mère aussi.** Aabbahay wuu da' weyn yahay, hooyaday sidoo kale.

agent *nom masculin* 1. Wakiil. **Un agent maritime.** Wakiil markab. 2. Sarkaal dharcad ah. **An intelli-gent agent.** Sarkaal sirdoon ah. 3. Sarkaal (boolis). **Agent de police.** Sarkaal boolis.

agir *verbe intransitif* 1. Tallaabo qaad. **Nous devons agir vite pour trouver une solution à ce pro-blème.** Waa inaannu tallaabo qaadno si aannu xal ugu helno dhibaatadan. 2. Samee. **Comment devez-vous agir dans cette situation?** Maxay tahay inaad samayso xaaladdan? 3. Dhaqan (sida qof u dhaqmo). **Les gens agissent de différentes manières.** Dadku siyaabo kala duduwan bay u dhaqmaan. 4. Shaqee. **Les médicaments agissent rapidement.** Daawadu si degdeg ah ayay u shaqaynaysaa.

s'agir *verbe pronominal* 1. Ku saabsaan, khusee. **De quoi s'agit-il dans ce livre que tu lis?** Muxuu ku saabsan yahay buuggan aad akhrinayso? **Il s'agit de la protection de l'environnement.** Wuxuu ku saabsan yahay dhowrista deegaanka. 2. Waa in... (lala isticmaalo *de*). **Il s'agit de résoudre ce problème rapidement.** Waa in dhibaatadan si degdeg ah loo xalliyo.

agneau *nom masculin* Wan. **Pour le dîner, j'aime manger de l'agneau.** Casho ahaan, waxaan jeclahay inaan cuno hilib wan.

agréable *adjectif* 1. Wanaagsan. **C'est tableau agréable à regarder.** Waa sawir gacmeed ku wanaagsan in la eego. 2. Wacan, fiican. **Hilowle est un garçon agréable.** Hilowle waa wiil fiican.

aide *nom féminin* 1. Caawin. **J'ai besoin de ton aide.** Waxaan u baahanahay caawintaada. 2. Gacanyare. **Je suis l'aide du minister.** Waxaan ahay gacanyaraha wasiirka.

aider *verbe transitif* Caawi. **Pouvez-vous m'aider?** Miyaad i caawin kartaa? **Son fils l'aide dans ses travaux.** Wiilkiisa ayaa isaga ka caawiya shaqooyinkiisa.

aigre *adjectif* Dhanaan. **J'ai goûté cette crêpe et elle est plutôt aigre.** Waan dhadhamiyay malawaxan oo waa yara dhanaan.

aiguille *nom féminin* Irbad. **Une aiguille et un fil.** Irbad iyo dun.

ailleurs *adverbe* Meel kale. **Elle préfère voyager ailleurs pendant les vacances.** Waxay jeceshahay inay meel kale u safarto inta lagu jiro fasaxa.

aimer *verbe transitif* Jecel. **J'aime mes parents.** Waan jeclahay waalidkay.

ainsi *adverbe* 1. Sidaas. **Vous n'avez pas le droit de parler ainsi.** Maad lihid xaqa inaad u hadasho sidaas. 2. Oo (lagu billaabo su'aal). **Ainsi vous habitez dan cette ville?** Oo magaaladan baad ku nooshahay? 3. Sidaas darteed. **Ainsi, il a acheté une nouvelle voiture.** Sidaas darteed, wuxuu iibsaday gaari cusub.

air *nom masculin* 1. Hawo. **Je vais ouvrir la fenêtre pour avoir un peu d'air frais.** Waxaan furayaa dariishadda si aan hawo yar oo qabow u qaato. 2. Ka muuqo (lala isticmaalo *avoir l'*). **Elle a l'air fatiguée après une longue journée de travail.** Daal ayaa iyada ka muuqda maalin dheer oo shaqo kaddib. 3. U eg (loo qoro *avoir l'air de/d'*). **Elle a l'air de son père.** Waxay u eg tahay aabbaheed.

aliment *nom masculin* Cunto (gaar ah ama mid aan karsanayn). **Je lis un article sur la qualité de nos aliments.** Waxaan akhrinayaa maqaal ku saabsan tayada cuntadeenna.

aller *verbe intransitif* 1. Tag. **Qui va là?** Yaa halkaas tagaya? 2. La isticmaalo marka la is bariidinayo (isa salaamayo). **Comment ça va?/Comment allez-vous?** Iska warran?

aller-retour *nom masculin* Safar sii-socod iyo soo-noqosho ah. **Je voudrais un billet aller-retour pour Boosaaso, s'il vous plaît.** Waxaan jeclaan lahaa tikid sii-socod iyo soo-noqosho ah ee Boosaaso, adigoo mahadsan.

allons *interjection* Ina keen!

allô *interjection* Hallow. **Allô, est-ce que tu m'entends?** Hallow, miyaad i maqlaysaa?

allumer *verbe transitif* 1. Daar. **Est-ce que tu peux allumer la lumière?** Miyaad nalka daari kartaa? 2. Shid (dab). **Elle allume le feu.** Waxay shidaysaa dabka.

s'allumer *verbe pronominal* Daaran. **La lumière s'est allumée.** Nalku wuu daaran yahay.

allumette *nom féminin* Tarraq, kibriid. **Pouvez-vous me passer une allumette pour allumer la**

bougie? Miyaad tarraq ii dhiibi kartaa si aan u daaro shamaca?

alors *adverbe* 1. Markaas. **Elle habitait alors à Londres.** Waxay markaas degganayd London. 2. Sidaas darteed. **Il est malade, alors le magasin est fermé.** Wuu xanuunsan yahay sidaas darteed dukaanku wuu xiran yahay. 3. Markii. **Elle est arrivée alors que je partais.** Waxay timid markii aan baxayay.

améliorer *verbe transitif* Hagaaji. **Le gouvernement peut améliorer les conditions de vie des citoyens.** Dowladdu way hagaajin kartaa xaaladda nololeed ee muwaadiniinta. 2. Horumari (xirfad). **J'aimerais améliorer mon français.** Waxaan jeclaan lahaa inaan horumariyo Faransiiskayga.

s'améliorer *verbe pronominal* Fiicnow (caafimaad). **Sa santé s'est améliorée.** Caafimaadkeedu wuu fiicnaaday.

amende *nom féminin* Ganaax. **Abaadir a déjà versé plus de 300 euros d'amendes.** Abaadir wuxuu hore u bixiyay ka badan 300 oo Yuuro oo ganaax ah.

amer, amère *adjectif* Qaraar. **Est-ce que l'écorce d'orange est amère?** Miyuu diirka liintu yahay qaraar?

ami, amie *masculin, féminin* Saaxiib, saaxiibad. **Mon ami est là.** Saaxiib-kay ayaa halkaas jooga. **Faadumo**

est une amie de Sahra. Faadumo waa Sahra saaxiibaddeed. **Mon cher ami.** Saaxiibkayga qaaliga ah.

amitié *nom féminin* Saaxiibtinimo. **J'apprécie notre amitié.** Waan qiimeeyaa saaxiibtinimadeenna.

amour *nom masculin* Jacayl. **L'amour d'une mère pour ses enfants.** Jacaylka hooyo ee carruurteeda.

s'amuser *verbe pronominal* 1. Ciyaar (carruurta). **Est-ce que les enfants s'amusent dehors?** Miyay carruurtu ku ciyaarayaan bannaanka? 2. Baashaal. **Je me suis amusé.** Waan baashaalay.

an *nom masculin* Sanad. **Un enfant de quatre ans.** Ilmo afar sanad jira.

ananas *nom masculin* Cananaas. **J'adore manger de l'ananas en été.** Waxaan jeclahay inaan cuno cananaas xagaaga.

ancien, ancienne *adjectif* 1. Hore. **C'est mon ancien professeur.** Waa barahaygii hore. 2. Da'weyn (looma isticmaalo dadka). **Je vis dans une maison ancienne.** Waxaan ku noolahay guri da'weyn.

anglais *nom masculin* Ingiriis. **Est-ce que vous parlez anglais?** Miyaad Ingiriis ku hadashaa?

angleterre *nom féminin* Ingiriiska (Iglan). **J'ai visité l'Angleterre l'été dernier.** Waxaan booqday Ingiriiska xagaagii hore.

animal *nom masculin* Xayawaan. **Est-ce qu'un chat est un animal amical qu'un chien?** Miyay mukulaal tahay xayawaan ka furfuran ey?

animé, animée *adjectif* Shidan (ganacsi badan ka muuqdo). **La rue est très animée.** Waddadu aad ayay u shidan tahay.

année *nom féminin* Sanad (socda). **Les quatre saisons de l'année.** Afarta xilli ee sanadka.

anniversaire *nom masculin* Maalinta dhalashada. **C'est l'anniversaire de Samiira.** Waa maalinta dhalashada ee Samiira.

annonce *nom féminin* 1. Ogeysiis. **J'ai mis une annonce sur la porte pour dire que le magasin est ouvert.** Waxaan ogeysiis ku dhejiyay albaabka si aan u sheego in dukaanku furan yahay. 2. Xayaysiin. **Les petites annonces.** Xayaysiinno yaryar.

annoncer *verbe transitif* 1. Shaaci. **Le gouvernement vient d'annoncer un nouveau programme pour créer des emplois pour les jeunes.** Dowladdu waxay hadda shaacisay barnaamij cusub si shaqooyin loogu abuuro dhallinyarada. 2. Ku dhawaaq. **Je vais annoncer mon plan.** Waan ku dhawaaqi doonaa qorshahayga

annuler *verbe transitif* Baaji. **Le match a été annulé.** Ciyaartii waa la baajiyay.

août *nom masculin* Agoosto. **Le quinze août.** 15ka Agoosto.

appareil photo *nom masculin* Kaamerad (sawir). **J'ai apporté mon appareil photo pour prendre des photos de la ville.** Waan keenay kaameraddayda si aan sawir uga qaato magaalada.

appartement *nom masculin* Guri weyn ka mid dhismo guryo ka kooban. **Il veut louer un appartement.** Wuxuu doonayaa inuu kireysto guri weyn.

appartenir *verbe intransitif* Leh (lala isticmaalo *à*). **Cette maison appartient à mon père depuis huit ans.** Gurigan waxaa leh aabbahay muddo siddeed sano ah.

appel *nom masculin* Baaq. **Nous devons répondre à l'appel du gouvernement.** Waa inaannu ka jawaabno baaqa dowladda.

appeler *verbe transitif* 1. Wac, telefoon u dir. **Je vais appeler ma mère ce soir.** Waxaan caawa wacayaa hooyaday. 2. U yeer. **Appelle le garçon.** U yeer wiilka.

s' appeler *verbe pronominal* Waxaa la yiraahdaa. **Il s'appelle Muumin.** Waxaa la yiraahdaa isaga Muumin (magaciisu waa Muumin).

apporter *verbe transitif* Keen. **N'oubliez pas d'apporter vos livres.** Ha illoobin inaad keento buu-gaggaaga. **Elle va m' apporter un cadeau.** Waxay ii keenaysaa hadiyad.

apprenant, apprenante *nom* Arday, ardayad (gaar ahaan af baranaya/baranaysa). **Les apprenants sont allés au centre-ville.** Ardaydu waxay tageen bartamaha magaalada.

apprendre *verbe transitif* 1. Baro. **Puis-je apprendre le français dans six mois?** Miyaan Faransiis ku baran karaa lix biilood? 2. Bar. **Mon père m'apprend l'anglais.** Aab-bahay wuxuu i baraa Ingiriis.

apprentissage *nom masculin* Barasho (maaddo). **L'apprentissage des langues.** Barashada afaf.

s'apprêter *verbe pronominal* Isu diyaari. **Les enfants s'apprêtent à aller à l'école.** Carruurtu waxay isu diyaarinayaan inay tagaan dugsiga.

approcher *verbe intransitive* 1. Ku dhowow. **Nous approchons de Londres.** Waxaannu ku dhowaanaynaa London. 2. Soo dhow (waqti). **L'Aïd approche.** Ciiddu way soo dhowdahay.

approfondi, approfondie *adjectif* Ballaaran. **Les scientifiques ont effectué des recherches approfondies sur le sujet.** Saynisyahannadu waxay cilmibaaris ballaaran ku sameeyeen maaddada.

après *préposition* 1. Kaddib. **C'était après deux heures.** Waxay ahayd labadii kaddib. 2. Ku xig (meel). **Le bureau de poste est après la mairie.** Xafiiska boostadu wuxuu ku xigaa guriga degmada.

après-midi *nom masculin ou féminin* Galabnimo. **L'après-midi, je vais à la piscine.** Galabnimada waxaan tagaa barkadda dabaasha.

arbre *nom masculin* Geed. **Il y a un arbre devant notre maison.** Geed ayaa gurigeenna hortiisa ku yaalla.

argent *nom masculin* 1. Lacag. **Je n'ai plus d'argent.** Lacag iima harin. 2. Qalin (macdan). **Une bague en argent.** Farraati (kaatun) qalin ka samaysan.

armée *nom féminin* Xoogga dalka. **Elle a servi dans l'armée pendant six ans.** Waxay ka tirsanayd ciidanka xoogga lix sano.

armoire *nom féminin* Armaajo. **Combien coûte cette armoire?** Waa immisa armaajadani?

arracher *verbe transitif* 1. Saar (ilig). **Le dentiste va me arracher la dent.** Dhakhtarka ilkaha ayaa ilig iga saaraya. 2. Jeex. **Elle a arraché une page de son vieux journal.** Waxay bog ka jeexday xusuus-qorkeedii hore. 3. Siib. **Pouvez-vous arracher le clou sur le bois?** Miyaad siibi kartaa musmaarka ku jira alwaaxa?

arranger *verbe intransitif* 1. Habee. **Elle va arranger les fleurs dans un vase.** Waxay ubaxa ku habaynaysaa weel. 2. Abaabul. **Abshir a organisé la cérémonie.** Abshir ayaa xafladda abaabulay.

arrêter *verbe transitif* Jooji. **Il a arrêté sa voiture.** Wuxuu joojiyay gaarigiisa.

arrêter *verbe intransitif* Joogso. **Le bus arrête à Sayidka.** Basku wuxuu joogsadaa Sayidka.

arrière *nom masculin* Gadaal. **Mes bagages sont à l'arrière de la voiture.** Boorsooyinkayga safarku waxay ku jiraan gadaal gaariga (khanka gaariga).

arrivée *nom féminin* Imaansho (diyaarad). **L'arrivée d'un avion.** Imaanshaha diyaarad. **Les arrivées sont au niveau deux de l'aéroport.** Imaanshuhu waa dabaqa labaad ee gegida diyaaradaha.

arriver *verbe intransitif* Imow. **Il va arriver à Jowhar à huit heures.** Wuxuu Jowhar imanayaa siddeedda.

arrondissement *nom masculin* Degmo (u gaar ah Baariis). **Louvre est situé à le premier arrondissement.** Matxafka Louvre wuxuu ku yaallaa degmada kowaad.

art *nom masculin* Farshaxan. **J'aime l'art africain.** Waan jeclahay farshaxanka Afrikaanka.

asseoir *verbe transitif* Fadhiisi. **Elle m'a assise et est partie.** Way i fadhiisisay oo baxday.

s'asseoir *verbe pronominal* 1. Fadhiiso. **Assieds-toi!** Fadhiiso! 2. Fadhi. **Elle est assise près de la télévision.** Waxay ag fadhidaa telefishinka.

assez *adverbe* 1. Ku filan. **J'ai assez de temps pour faire mes devoirs.** Waxaan haystaa waqti igu filan oo aan shaqadayda guri ku sameeyo. 2. Yara. **Ce vélo est assez cher.** Bushkuleetigani waa yara qaali.

assiette *nom féminin* Saxan. **J'ai cassé une assiette.** Waxaan jabiyay hal saxan.

assis, assise *adjectif* Fadhi (lala isticmaalo *être*). **Je suis assis à mon bureau en train de travailler.** Miiskayga ayaan fadhiyaa oo shaqaynayaa. **Elle est assise par terre.** Waxay fadhidaa dhulka.

assister *verbe transitif indirect* Ka qeybgal (lala isticmaalo *à*). **Il va assister à une conférence d'éducation.** Wuxuu ka qeybgalayaa shir waxbarasho.

assister *verbe transitif* Caawi. **L'avocat assiste son client.** Qareenku wuu caawinayaa macmiilkiisa. **J'assiste mon ami à faire ses devoirs.** Waxaan ka caawinayaa saaxibkay shaqadiisa guriga.

associer *verbe transitif* Ku xiriiri, ku beeg. **Pouvez-vous associer la phrase à l'image correspondante?** Miyaad ereyga ku beegi kartaa muuqaalka ku habboon?

assurer *verbe transitif* 1. Hubi. **Assurez-vous de verrouiller la porte en partant plus tard.** Hubi inaad albaabka xirto markaad baxdo hadhow. 2. Caymi,caymis gali. **Avez-vous assuré votre voiture?** Miyaad gaarigaaga caymisay?

atelier *nom masculin* Qol-shaqo, istuudiyo. **L'artiste a son atelier dans le centre-ville.** Farshaxanku wuxuu qol-shaqo ku leeyahay bartamaha magaalada.

attacher *verbe transitif* 1. Xir (xarig). **Elle a attaché son chien à une chaise.** Waxay eygeeda ku xiray kursi. 2. Xirxir. **Le soldat an attaché les mains du prisonnier.** Askarigu gacmaha ayuu ka xirxiray maxbuuska.

atteindre *verbe transitif* 1. Gaar (meel). **Ils ont atteint la ville.** Waxay gaareen magaalada. 2. Gaar (yool, ujeeddo). **Est-ce qu'il a atteint son but?** Miyuu gaaray yoolkiisa?

atteinte *nom féminin* Xadgudub. **C'est une atteinte à votre réputation.** Waa xadgudub ka dhan ah sumcaddaada.

attendre *verbe transitif* Sug. **J'attends mon ami à la gare.** Waxaan saaxiibkay ku sugayaa saldhigga tareenka.

attentat *nom masculin* Weerar. **La police a empêché un attentat à la bombe.** Boolisku wuxuu ka hortagay weerar bambo.

attention *exclamation* **Attention!** Iska jir!

attention *nom féminin* 1. Fiiro. **Ce problème mérite l'attention.** Dhibataadani waxay mudan tahay in fiiro loo yeesho. 2. Feejignow, taxaddar (lala isticmaalo *faire*). **Faire attention!** Feejignow!

attraper *verbe transitif* 1. Qabo (wax). **Tu peux attraper cette balle?** Miyaad qaban kartaa kubaddan? 2. Qabo (tuug). **Le commerçant a attrapé le voleur.** Dukaan-iibiyuhu wuxuu qabtay tuugga. 3. Qaad (duray iwm). **Je risque d'attraper un rhume si je ne me couvre pas.** Waa halis inaan hargab qaado haddii aanan is dadin.

au revoir Nabadgelyo.

au *article masculin* (Marka la isku daro *à* iyo *le*). **Elle va au bureau.** Waxay tagaysaa xafiiska. **Au marché ...** Suuqa (marka loo socdo, marka lagu suaalo *Où allez-vous?* (Halkee u socotaa?)

aucun, aucune *adjectif et pronom indéfini* 1. Maba. **Il n'y a aucun un livre sur la table.** Buug maba saarna miiska. 2. Innaba/may. **Vas-tu une**

objection? — **Aucune.** Miyaad diiddan tahay? — May. 3. Na (diidmo). **Aucun propriétaire ne peut tolérer le retard.** Maamulana uma dulqaadan karo soo daahis.

aujourd'hui *adverbe* Maanta. **Elle ne viendra pas aujourd'hui.** Maanta may iman doonto.

auparavant *adverbe* Hore. **Vous ne m'avez jamais posé cette question auparavant.** Marnaba hore maad ii weyddiinin su'aashan.

auprès *préposition* 1. U dhow. **Notre maison est auprès d'un lycée.** Gurigeennu wuxuu u dhow yahay dugsi sare. 2. Waxaa jecel (lala isticmaalo *de*). **Cette partie de la ville est populaire auprès des touristes.** Qeybtan magaalada ka mid ah waxaa jecel dalxiisayaasha.

aussi *adverbe* Xitaa. **Elle parle anglais et aussi allemand.** Waxay ku hadashaa Ingiriis iyo Jarmal xitaa.

autant *adverbe* 1. Aad u badan (lala isticmaalo *de*). **Je ne mange pas autant de gâteau.** Maan cuno doolshe badan. 2. Badan. **J'ai autant de cousins que lui.** Waxaan leeyahay ilmo adeerro badan sidiisa. 3. Inta (tiro). **Mange autant que tu veux.** Cun inta aad doonto.

autobus *nom masculin* Bas. **Cet autobus est nouveau.** Baskani wuu cusub yahay.

automne *nom masculin* Dayr.
**Est-ce que les feuilles tombent en
automne?** Miyay caleemuhu soo
daataan dayrta? **En automne, je
vais à la campagne.** Dayrta waxaan
tagaa miyiga.

autorité *nom féminin* 1. Awood
(maamul). **Autorité judiciaire.**
Awood garsoor. 2. Maamul. **L'auto-
rité locale va prendre des mesures
pour améliorer la sécurité rou-
tière.** Maamulka degmadu wuxuu
qaadayaa tallaabo uu ku hagaa-
jinayo badqabka waddooyinka.
3. Xeeldheere, khabiir. **C'est une
autorité de droit des affaires.** Waa
xeeldheere sharciga ganacsiga.

autour *adverbe* 1. Ku wareegsan.
**Il y a beaucoup de monde autour
du monument.** Dad badan baa ku
wareegsan taallada (jooga). 2. War-
eeg. **La rivière serpente autour des
montagnes.** Wabigu wuxuu ku
wareegaa buuraha.

autre *adjectif* Kale. **Il y a une autre
difficulté.** Dhib kale ayaa jirta.

avant *adverbe* Hore (jiho). **Vas-tu
plus avant?** Miyaad hore u sii
soconaysaa?

avant *préposition* Ka hor. **Elle est
arrivée avant le déjeuner.** Waxay
timid qadada ka hor.

avantage *nom masculin* Faa'iido
(waxtar). **Les avantages de l'exer-
cice physique.** Faa'iidooyinka
jimicsiga.

avec *préposition* La. **Siyaad est avec
son père.** Siyaad wuxuu la joogaa
aabbihiis.

avenir *nom masculin* Mustaqbal.
Personne ne peut prédire l'avenir.
Qofna muu saadaalin karo mus-
taqbalka. **Dans un proche avenir...**
Mustaqbalka dhow.

avertissement *nom masculin*
Digniin. **Qowdhan a reçu un
avertissement pour son compor-
tement inapproprié.** Qowdhan
wuxuu helay digniin ku saabsan
dhaqankiisa aan habboonayn.

avertisseur *nom masculin* Hoon. **Ma
voiture est équipée d'un avertis-
seur sonore puissant.** Gaarigayga
waxaa ku rakiban hoon dhawaaq
awood badan leh.

aveugle *adjectif* Indho la'. **Le garçon
est aveugle depuis sa naissance.**
Wiilku wuu indho la' yahay tan iyo
dhalashadiisii.

avion *nom masculin* Diyaarad. **Elle
préfère voyager en avion plutôt
que par voiture.** Waxay jeceshahay
inay diyaarad ku safarto halkii ay
gaari ku safri lahayd.

avis *nom masculin* Fikrad. **Quel
est votre avis sur ce projet?** Waa
maxay fikraddaada ku saabsan
mashruucan? **à mon avis...** sida ay
ila tahay.

avocat, avocate *nom* Qareen. **Il est
avocat.** Isagu waa qareen.

avoir *verbe transitif* 1. Leh. **J'ai une moto**. Waxaan leeyahay mooto. 2. Hayso. **Avez-vous la clé du bureau?** Miyaad haysataa furaha xafiiska? 3. Loo adeegsado marka da'da qof la sheegayo. **Ella a cinq ans.** Waxay jirtaa shan sanad.

avril *nom masculin* Abriil. **J'aime les pluies d'avril.** Waan jeclahay roobka Abriil.

B

bagages *nom pluriel* Boorsooyin (safarka). **Je ne veux pas laisser mes bagages à l'aéroport.** Maan doonayo inaan boorsooyinkayga kaga tago gegida diyaaradaha.

se baigner *verbe pronominal* 1. Qubeyso. **Je vais me baigner plus tard.** Waxaan qubeysanayaa hadhow. 2. Dabaal tag. **Si on va se baigner?** Ka warran haddii aannu dabaal tagno?

bain *nom masculin* 1. Qubays. **Le bain est prêt, tu peux y aller.** Qubeysku waa diyaar, waad gali kartaa. 2. Qubeyso (lala isticmaalo *prendre*). **Je prends un bain.** Waan qubeysanayaa.

baisser *verbe transitif* Gaabi (cod). **Il faut baisser le volume de la musique, ça dérange les voisins.** Waa inaad gaabiso codka muusigga, deriska ayuu dhib ku hayaa.

balai *nom masculin* Xaaqin, iskoobbe. **J'utilise un balai pour**

balayer le sol. Waxaan isticmaalaa xaaqin si aan dhulka u xaaqo.

banane *nom féminin* Moos. **J'ai oublié d'acheter des bananes pendant que j'étais à l'épicerie.** Waan illoobay inaan moos soo iibsado intaan khudradlaha joogay.

banque *nom féminin* Bangi. **Elle travaille dan la banque.** Waxay ka shaqaysaa bangiga.

bar *nom masculin* Baar. **Elle boit du thé au bar.** Waxay shaah ka cabaysaa baarka.

barbe *nom féminin* Gar. **Mon père a une belle barbe.** Aabbahay wuxuu leeyahay gar qurux badan.

bas, basse *adjectif* 1. Gaaban (dhisme, joog ahaan) **Un appartement bas de plafond.** Guri saqafkiisu gaaban yahay. 2. Hoose (cod). **Tu parles à voix basse.** Waxaad ku hadashaa cod hoose. 3. Hoosee (tiro/sicir). **Cette société paie des salaires bas.** Shirkaddan waxay bixisaa mushaar hooseeya.

base *nom féminin* 1. Sal. **La base de la lampe est en céramique.** Salka nalku wuxuu ka samaysan yahay dhoobo. 2. Asaas. **Le respect est la base d'une relation saine.** Is qaddarin waa asaaska xiriir caafimaadqaba. 3. Saldhig. **La base aérienne est située à proximité de la ville.** Saldhigga ciidanka cirku wuxuu u dhow yahay magaalada.

bateau *nom masculin* Doon. **Je prends un bateau à Berbera.** Waxaan doon u raacayaa Berbera.

bâtiment *nom masculin* Dhisme. **Le bâtiment a cinq étages.** Dhismuhu waa shan dabaq.

se battre *verbe pronominal* 1. Dagaal (gacan ka hadal). **Je ne veux pas me battre avec toi.** Maan rabo inaan kula dagaalo. 2. U dagaalan. **Je me bats pour mes droits.** Waxaan u dagaallamaa xuquuqdayda

bavarder *verbe intransitif* Sheekeyso. **Il bavarde avec son cousin.** Wuxuu la sheekaysanayaa ina adeerkiis

beau, belle *adjectif* 1. Qurux-badan. **C'est une belle fille.** Waa gabar qurux-badan. 2. Loo isticmaalo hawada wanaagsan. **Il fait beau.** Hawadu way fiican tahay.

beaucoup *adverbe* 1. In badan. **Il travaille beaucoup.** In badan buu shaqeeyaa. 2. In badan (dad). **Beaucoup sont satisfaits du nouveau plan.** In badan ayaa ku qanacsan qorshaha cusub. 3. Aad. **J'aime beaucoup écouter de la radio.** Waxaan jeclahay inaan aad u dhegeysto raadiyaha. 4. Badan (lala isticmaalo *de*). **Beaucoup d'étudiants sont venus à la fête.** Arday badan ayaa timid xafladda.

beauté *nom féminin* Qurux. **La beauté d'une femme.** Quruxda dumar.

bébé *nom masculin* Ilmo yar. **Le bébé dort.** Ilmuhu wuu hurdaa.

belayer *verbe transitif* Xaaq. **Kooshin balaie les feuilles dans la cour arrière.** Kooshin ayaa xaaqaya caleemaha daadsan daaradda dambe.

bénéfique *adjectif* Faa'iido leh. **Manger des légumes verts est bénéfique pour la santé.** Cunista khudradda cagaaran waxay faa'iido u leedahay caafimaadka

besoin *nom masculin* 1. Baahi (wax loo qabo). **Le besoin de construire deux nouvelles écoles dans le district.** Baahida loo qabo in laba dugsi laga dhiso magaalada. 2. U baahan (lala isticmaalalo *avoir besoin de*). **J'ai besoin d'une nouvelle voiture.** Waxaan u baahanahay gaari cusub.

bétail *nom masculin* 1. Xoolo. **La Somalie exporte du bétail.** Soomaaliya waxay dhoofisaa xoolo. 2. Lo'. **Je veux élever du bétail.** Waxaan doonayaa inaan dhaqdo lo'.

bête *nom féminin* 1. Xayawaan; bahal. **Les bêtes qui détruisent la récolte incluent le rat.** Xayawaannada burburiya dalagga waxaa ka mid ah jiirka. 2. Bahal. **Une bête est là, j'ai peur.** Bahal baa halkaas jooga, waan cabsanayaa.

beurre *nom masculin* Buure, badhar. **J'aime mettre du beurre sur mon pain.** Waxaan jeclahay inaan badhar mariyo rootigayga.

beurré, beurrée *adjectif* La mariyay badhar. **Une tartine beurrée.** Rooti badhar la mariyay (ismaris ah).

bibliothèque *nom féminin* Maktabad. **Je vais emprunter un livre à la bibliothèque.** Waxaan buug ka soo amaahanayaa maktabadda.

bien que *conjonction* Inkastoo. **Bien que je sois fatigué, je dois finir ce projet demain matin.** Inkastoo aan daallanahay, waa inaan dhammeeyo mashruucan berri subax.

bien *adverbe* Si fiican. **Tout va bien.** Wax kasta si fiican ayuu u socdaa. **Elle travaille bien.** Si fiican ayay u shaqaysaa.

bien *nom masculin* 1. Wanaaji (lala isticmaalo *faire*). **Elle fait du bien à ses amis.** Way wanaajisaa saaxiibadeed. 2. Hanti (mar kasta ereygu waa jamac: *biens*). **Elle a hérité de biens précieux.** Waxay dhaxashay hanti qiime badan leh.

bienfait *nom masculin* Faa'iido. **La marche quotidienne a des bienfaits évidents sur la santé cardiovasculaire.** Socod maalmeedku wuxuu faa'iidooyin cadcad u leeyahay caafimaadka wadnaha.

bientôt *adverbe* 1. Ku dhow (waqti). **Il est bientôt midi.** Waxay ku dhowdahay duhurnimo. 2. Dhowaan. **Elle sera bientôt de retour.** Waxay soo noqonaysaa dhowaan. 3. La isticmaalo marka la is nabadgalyaynayo. **À bientôt!** Is arag dambe.

bière *nom féminin* Biir (nooc khamro ah). **Elle ne boit pas de bière.** May cabto biir.

billet *nom masculin* Bilyeeti, tikid. **Où est mon billet de cinéma?** Aaway bilyeetigayga shineemada?

biscuit *nom masculin* Buskud. **Biscuit avec de la glace.** Buskud ay la socoto jallaato.

bizarre *adjectif* Amakaag. **C'est bizarre, je ne me souviens pas de ton nom.** Waa amakaag, maan xusuusto magacaaga.

blanc, blanche *adjectif* Cad. **Une voiture blanche est garée devant le magasin.** Gaari cad ayaa la dhigay dukaanka hortiisa.

blanchisserie *nom féminin* Labandaayo, doobbi (meel dharka lagu mayro). **Il y a une blanchisserie près de la pharmacie.** Labandaayo ayaa u dhow farmashiyaha.

blessé, blessée *adjectif* Dhaawacan. **Nous emmenons l'homme blessé à l'hôpital.** Waxaannu ninka dhaawacmay geynaynaa cisbitaalka.

bleu, bleue *adjectif* Buluug. **La valise bleue est plus chère que la valise rouge.** Shandadda buuluugga ah way ka qaalisan tahay shandadda cas.

blond *adjectif* Dahabi (timo). **Elle a les cheveux blonds.** Waxay leedahay timo dahabi ah.

bœuf *nom masculin* Hilib lo'aad. **Le restaurant sert du bœuf.** Maqaayaddu waxay iibisaa hilib lo'aad.

boire *verbe transitif* Cab. **Il boit du lait.** Wuxuu cabayaa caano.

bois *nom masculin* Alwaax. **Une table en bois.** Miis ka samaysan alwaax.

boisson *nom féminin* Cabitaan. **Une boisson chaude.** Cabitaan kulul.

boîte *nom féminin* 1. Sanduuq. **Ma boîte à outils est dans la voiture.** Sanduuqayga qalabku wuxuu ku jiraa gaariga. 2. Baakad. **Boîte d'allumettes.** Baakad tarraq ah.

bol *nom masculin* Baaquli. **Un bol de lait.** Baaquli caano ah. **Le bol de soupe est si élevé sur l'étagère que je ne peux pas l'atteindre.** Baaquliga maraqa ah wuxuu meel sare ka saaran yahay iskafaallaha oo maan awoodo inaan gaaro (isaga).

bon, bonne *adjectif* 1. Fiican **Ce gâteau a un goût bon.** Doolshahan wuxuu leeyahay dhadhan fiican. 2. Wanaagsan. **C'est une bonne étudiante.** Waa ardayad wanaagsan.

bonbon *nom masculin* Nacnac. **Où puis-je acheter des bonbons?** Halkee baan nacnac ka iibsan karaa?

bonheur *nom masculin* 1. Farxad. **Le bonheur de mes parents.** Farxadda waalidkay. 2. Nasiib wanaagsan (lala isticmaalo *avoir*). **J'ai eu le**

bonheur d'arriver à temps. Nasiib wanaagsan baan lahaa inaan ku imid waqtigii.

bon marché *adjectif invariable* Jaban (sicir). **Les légumes sont bon marché au marché local.** Khudraddu way jaban tahay suuqa xaafadda

bonne *nom féminin* Adeegto. **La bonne est absente.** Adeegtadu way maqan tahay.

botte *nom féminin* Buudh (kabo). **J'ai besoin d'une nouvelle paire de bottes pour l'hiver.** Waxaan u baahnahay hal joog oo kabo buudh ah jiilaalka (qaboobaha) awgiis.

bouche *nom féminin* Af (jirka). **Je ne parle pas la bouche pleine.** Maan hadlo afkayga oo buuxa.

boucher, bouchère *nom* Hilible. **Le boucher est-il ouvert?** Miyuu hilibluhu furan yahay?

boue *nom féminin* Dhiiqo. **Notre voiture est restée coincée dans la boue.** Gaarigeennu wuxuu galay dhiiqada.

bouger *verbe transitif* 1. Guur. **Elle va bientôt bouger.** Way guuraysaa dhowaan. 2. Liiqliiqo. **J'ai une dent qui bouge.** Ilig baa i liiqliiqanaya.

bougie *nom féminin* Shamac. **Puis-je allumer une bougie?** Miyaan shidi karaa hal shamac?

boulangerie *nom féminin* Foorno. **Il y a une nouvelle boulangerie dans mon quartier.** Foorno cusub ayaa ku taalla xaafaddayda. **Excusez-moi. Où se trouve la boulangerie?** Iga raalli ahow. Halkee ayay foornadu ku taallaa?

bout *nom masculin* Gabal. **Un bout de papier.** Gabal warqad ah.

bouteille *nom féminin* Dhalo. **Une bouteille de lait.** Dhalo caano ah.

bras *nom masculin* Cudud (gacan). **Mon bras est enflé.** Cududdaydu (gacanta) way bararsan tahay.

bref, brève *adjectif* Gaaban (waqti/qoraal/kulan iwm). **La réunion a été brève.** Kulanku wuu gaabnaa.

brièvement *adverbe* Si kooban. **Le professeur m'a expliqué brièvement les règles du jeu.** Baruhu si kooban ayuu iigu sharxay xeerarka ciyaarta.

briller *verbe intransitif* 1. If. **Le soleil brille.** Qorraxdu way ifaysaa. 2. Dhaldhalaal. **Tes chaussures brillent.** Kabahaagu way dhaldhalaalayaan.

se brosser *verbe pronominal* Cadayo, rumayso (lala isticimaalo *les dents*). **Le garçon se brosse les dents.** Wiilku wuu cadayanayaa.

brouillard *nom masculin* Ceeryaamo. **Il y a du brouillard.** Waxaa jirta ceeryaamo.

bruit *nom masculin* Qeylo. **J'ai entendu un bruit.** Waxaan maqlay qeylo.

brûler *verbe intransitif* Gubo. **Une partie de la forêt a brûlé.** Qeyb ka mid ah keynta ayaa gubatay.

bruyant, bruyante *adjectif* Buuq-badan. **Le voisin d'à côté est parfois très bruyant la nuit.** Dariska nagu xiga aad buu u buuq-badan yahay habeenkii.

buisson *nom masculin* Geedgaab. **La biche se cachait dans le buisson.** Deeradu waxay ku dhuumanaysay geedaha gaagaaban.

bureau *nom masculin* 1. Xafiis. **Je travaille dans un bureau situé en centre-ville.** Waxaan ka shaqeeyaa xafiis ku yaalla bartamaha magaalada. 2. Miis. **Le dossier est sur mon bureau.** Galku wuxuu saaran yahay miiskayga.

bureau de change *nom masculin* Sarrifle. **Le bureau de change est juste à côté de la gare.** Sarrifluhu wuxuu ku xigaa saldhigga tareenka.

bus *nom masculin* Bas. **Le bus numéro 23 part dans cinq minutes.** Baska tirsigiisu yahay 23 wuxuu baxayaa shan daqiiqadood gudahood.

but *nom masculin* 1. Ujeeddo. **Le but de ce projet est d'améliorer la qualité de vie des habitants.** Ujeeddada mashruucan waa in la hagaajiyo tayada nolosha ee degganayaasha (dadka meesha ku nool). 2 Gool (kubbadda cagta). **Quelle équipe a marqué un but en premier?** Kooxdee ayaa gool hor dhalisay?

C

ça *pronom démonstratif* 1. Waxay/way/wuxuu/wuu. **Ça dure une heure.** Wuxuu socdaa hal saac. 2. Sidaas. **Je n'ai jamais dit ça.** Marnaba maan dhihin sidaas. **C'est ça.** Waa sidaas. 3. Bal. **Laissez ça.** Bal dhaaf. 4. Sidee (la isticmaalo marka la is bariidinayo. **Ça va?** Sidee tahay? 5. Wuxuu/waxay. **Ce train? Ça va à la gare du nord.** Tareenkan? Wuxuu tagaa saldhigga waqooyiga.

cacher *verbe transitif* Qari. **Tu caches quelque chose de moi.** Wax baad iga qarinaysaa.

se cacher *verbe pronominal* Dhuumo. **Le chat se cache sous la table.** Bisaddu waxay ku dhuumanaysaa miiska hoostiisa.

cadeau *nom masculin* Hadiyad. **Ma fille m'a envoyé un cadeau pour le nouvel an.** Gabadhayda ayaa ii soo dirtay haddiyad sanadka cusub awgiis.

café *nom masculin* 1. Baar qaxwe. **Le café est ouvert jusqu'à dix heures du soir.** Baarka qaxwuhu wuxuu furan yahay ilaa tobanka maqribnimo. 2. Qaxwe. **J'aime boire mon café dans une tasse en céramique.** Waxaan jeclahay inaan qaxwahayga ku cabo koob dhoobo ka samaysan.

cahier *nom masculin* Buug (wax lagu qoro). **J'ai besoin d'acheter un cahier.** Waxaan u baahanahay inaan buug soo iibsado.

caisse *nom féminin* Khasnad. **J'ai mis l'argent dans la caisse.** Waxaan lacagta ku riday khasnadda.

caissier, caissière *nom* Lacaghaye. **Le client parle au caissier.** Macmiilku wuxuu la hadlayaa lacaghayaha.

calculatrice *nom féminin* Kalkuleetar. **J'ai besoin d'une calculatrice pour faire mes devoirs de mathématiques.** Waxaan u baahanahay kalkuleetar si aan u sameeyo shaqadayda guriga ee xisaabta.

calme *adjectif* Deggan (jawi). **J'habite une rue calme.** Waxaan ku noolahay waddo deggan.

camp *nom masculin* 1. Xero. **Un camp de réfugiés.** Xero qaxooti. 2. Meel dad dalxiisaya ay teendhooyin ka dhistaan. 3. Xero (askar). **Un camp militaire.** Xero ciidan.

campagne *nom féminin* Miyi. **Ils passent leurs vacances à la campagne.** Waxay fasaxooda ku qaataan miyiga.

canapé *nom masculin* Kursi weyn (qolka fadhiga). **J'adore m'allonger sur mon canapé et regarder un bon film.** Waxaan jeclahay inaan isku kala bixiyo kursigayga weyn oo daawado filin wanaagsan.

canette *nom féminin* Daasad, koombo. **Il reste trois canettes de**

peinture. Waxaa haray seddex daasadood oo rinji ah.

capable *adjectif* Karti leh. **Elle est très capable.** Aad ayay karti u leedahay.

capacité *nom féminin* Awood. **Les chiens de chasse ont une excellente capacité olfactive.** Eyda wax lagu ugaarsado waxay leeyihiin awood urin oo aad u heer sarreysa.

capitale *nom féminin* Caasimad. **Dis-moi la capitale de la France, s'il te plaît.** Ii sheeg caasimadda Faransiiska, adigoo mahadsan.

car *conjonction* 1. Sababtoo ah. **Elle ne peut pas venir car elle est malade.** May iman karto sababtoo ah way xanuunsan tahay. 2. Waayo. **J'ai bu deux litres d'eau car j'avais soif.** Waxaan cabay labo liitar oo biyo ah waayo waan oommanaa.

carafe *nom féminin* Garaafo (weel biyo ama baraf lagu shubo). **Je vais remplir la carafe d'eau.** Waxaan biyo ka buuxinayaa garaafaha.

carotte *nom féminin* Indhacaseeye, karrooto. **Je ne mange pas de carottes cuites.** Maan cuno indhacaseeye karsan.

carte *nom féminin* Khariidad. **J'ai besoin d'une carte pour trouver mon chemin.** Waxaan u baahanahay khariidad si aan u helo waddadayda (meesha aan u socdo).

cas *nom masculin* 1. Arrin. **Ce n'est pas toujours le cas.** Arrintu mar kasta sidaas ma aha. 2. Kiis. **Un cas particulier.** Kiis gaar ah. 3. Xaalad (caafimaad). **Des cas médicaux.** Xaalado caafimaad.

casser *verbe transitif* Jabi. **J'ai cassé mon téléphone accidentellement.** Si aan kas ahayn ayaan telefoonkayga u jabiyay.

cathédrale *nom féminin* Kaniisad weyn. **Où est la cathédrale?** Waa halkee kaniisadda weyn?

cause *nom féminin* Sabab. **Il va écrire un essai sur les causes de la Première Guerre Mondiale.** Wuxuu qorayaa curis ku saabsan sababihii Dagaalkii Kowaad. **à cause de:** awgeed/awgiis. **Le match a été annulé à cause de la pluie.** Ciyaarta waa la baajiyay roobka awgiis.

causer *verbe intransitif* 1. Sabab. **La pollution de l'air peut causer des problèmes respiratoires.** Diqowga hawadu wuxuu sababi karaa dhibaatooyin neefsashada ah. 2. U keen (halis). **Les substances chimiques présentes dans certains produits peuvent causer des allergies chez certaines personnes.** Maaddooyin kiimikaad oo ku jira alaabta qaarkeed ayaa u keeni kara xajiin dadka qaar. 3.Sheekayso. **Nous avons causé pendant des heures sur le sujet**

de notre discorde. Waxaannu saacado ka sheekaysannay mowduuca ismaandhaafkeenna.

ce *adjectif démonstratif* -kan (qalin*kan*); -an (dhaga*xan*; shama*can*). **Avez-vous vu ce film?** Miyaad filinkan daawatay? **Ce stylo n'est pas cher.** Qalinkani ma aha qaali.

ceinture *nom féminin* Suun. **La ceinture est faite de cuir.** Suunku wuxuu ka samaysan yahay harag.

cela *pronom démonstratif* 1. Taasi (sujet). **Quand cela s'est-il?** Goorma ayay taasi dhacday? 2. Taas (objet). **Je n'aime pas cela.** Maan jecli taas.

célèbre *adjectif* Caan ah. **La tombe du Soldat inconnu est un monument célèbre à Mogadiscio.** Daljirka Dahsoon waa taallo caan ah oo ku taalla Muqdisho.

célébrer *verbe transitif* Dabbaaldag **La victoire de l'équipe nationale a été célébrée dans tout le pays.** Guusha xulka qaranka ayaa looga dabbaaldagay dalka oo dhan.

célibataire *adjectif* Aan xaas lahayn. **Il est célibataire depuis plusieurs années.** Isagu xaas ma laha dhowr sano.

cendre *nom féminin* Dambas. **Je utilise les cendres de charbon de bois pour fertiliser mon jardin.** Waxaan isticmaalaa dambaska dhuxusha si aan u bacrimiyo beertayda.

centre *nom masculin* 1. Bartame. **Le centre de la ville est très animé**. Bartamaha magaaladu aad ayay u shidan tahay. 2. Rug. **Le centre médical est ouvert 24 heures.** Rugta caafimaadku waxay furan tahay 24 saac.

centre-ville *nom masculin* Bartamaha magaalada. **Nous avons marché dans le centre-ville pour visiter les magasins.** Waxaannu ku socsoconnay bartamaha magaalada si aannu u booqanno dukaammada.

cependant *adverbe* Hase ahaatee. **Je suis en retard pour le travail, cependant je vous ai dit la vérité.** Waan ka soo daahay shaqada, hase ahaatee waxaan kuu sheegay runta.

cercle *nom masculin* Goobo. **Pouvez-vous dessiner un cercle au milieu du papier?** Miyaad goobo ku sawiri kartaa bartamaha warqadda?

cérémonie *nom féminin* Xaflad. **Je vais regarder la cérémonie du couronnement du roi.** Waxaan daawan doonaa xafladda caleemasaarka ee boqorka.

cerise *nom féminin* Miro yar oo madow ama cas, dhexda iniinyo ku leh.

Certain, certaine *adjectif* 1. Hub, sugan. **C'est ne pas certain.** Lama hubo. 2. Hub (lala isticmaalo *être* iyo *que*). **Je suis certain qu'il va au marché plus tard.** Waan hubaa inuu suuqa tagayo hadhhow. 3. Qaar (had iyo jeer jamac: *certains* (lab), *certaines* (dheddig). **Certaines personnes n'aiment pas le lait de chameau.** Dadka qaar ma jecla caanaha geela.

certitude *nom féminin* Hubaal, wax la hubo. **C'est une certitude.** Waa wax la hubo.

cerveau *nom masculin* 1. Maskax. **Le cerveau humain.** Maskaxda aadamiga. 2. Qofka ka dambeeya hawl la wado. **Qui est le cerveau de ce projet?** Waa kuma maskaxda mashruucan?

cette *adjectif démonstratif* (Loo isticmaalo magac dheddig ah). **Cette fille est belle.** Gabadhani way qurux-badan tahay.

chacun, chacune *pronom indéfini* Kiiba; tiiba. **J'aime visiter Le Louvre and le musée d'Orsay, chacun différent de l'autre.** Waxaan jeclahay inaan booqdo Louvre iyo matxafka Orsay, kiiba wuu ka duwan yahay kan kale.

chaise *nom féminin* Kursi. **Cette chaise est très confortable.** Kursigani aad buu u raaxo-badan yahay.

chaleur *nom féminin* Kulayl. **La chaleur du soleil d'été.** Kulaylka qorraxda ee xagaaga.

chambre *nom féminin* Qol hurdo. **Une maison avec quatre chambres.** Guri leh afar qol hurdo.

chameau *nom masculin* Geel. **Bois-tu du lait de chameau?** Miyaad cabtaa caano geel?

chance *nom féminin* 1. Nasiib. **Bonne chance.** Nasiib wanaagsan. 2. Fursad. **Elle a eu la chance d'acheter une voiture aux enchères.** Waxay haysatay fursad ay gaari kaga soo iibsatay xaraashka.

change *nom masculin* Sarrif (lacag adag). **Le taux de change.** Heerka sarrifka.

changement *nom masculin* Isbeddel. **Le changement est une chose constante.** Isbeddelku waa wax joogto ah.

changer *verbe intransitif* Isbeddel (qof). **Il a beaucoup changé.** Aad buu isu beddelay.

changer *verbe transitif* 1. Beddel. **Je vais changer les draps plus tard.** Waxaan hadhow beddelayaa go'yaasha sariirta. 2. Beddelo (lacag qalaad, sarrifo). **Je veux changer cinq cents euros.** Waxaan rabaa inaan beddesho shan boqol oo Yuuro.

chanson *nom féminin* Hees. **J'aime beaucoup écouter cette chanson.** Waxaan jeclahay inaan heestan dhegeysto in badan.

chanter *verbe intransitif* Hees. **Elle chante d'une belle voix.** Waxay ku heestaa cod qurux-badan.

chanteuse *nom féminin* Fannaanad. **La chanteuse a une belle voix.** Fannaanaddu waxay leedahay cod qurux-badan.

chapeau *nom masculin* Koofiyad. **J'aime porter un chapeau en été pour me protéger du soleil.** Waxaan jeclahay inaan koofiyad qaato xagaaga si aan qorraxda iskaga dhowro.

chaque *adjectif indéfini singulier* 1. Kasta. **Chaque année je vais à la mer en été.** Sanad kasta xagaaga waxaan tagaa badda. 2. Midkiiba/ middiiba. **Ces stylos coûtent vingt euros chaque.** Qalimmadani midkiiba wuxuu joogaa labaatan Yuuro.

chasse *nom féminin* Ugaarsasho. **Pendant la chasse, il est important de respecter les règles de sécurité.** Inta lagu jiro ugaarsashada, waa muhiim in la dhowro xeerarka badqabka.

chasseur, chasseuse *nom* Ugaarsade. **Les chasseurs aiment aller à la chasse.** Ugaarsadayaashu waxay jecel yihiin inay ugaarsi tagaan.

chat *nom masculin* Bisad. **Mon chat ne boit pas du lait.** Bisaddaydu may cabto caano.

château *nom masculin* Qalcad. **Nous avons visité un château à la périphérie de la ville.** Waxaannu booqannay qalcad ku taalla duleedka magaalada.

chaud, chaude *adjectif* Kulul. **Cette pièce est la plus chaude de l'appartement.** Qolkan wuu ugu kulul yahay guriga.

chaussette *nom féminin* Sharabaaddo, iskaalso. **Mon fils cherche une paire de chaussettes propres.** Wiilkaygu wuxuu raadinayaa sharabaaddo nadiif ah.

chaussure *nom féminin* Kab (had iyo jeer laga dhigo jamac: *chaussures*). **Elle a chaussures à talons hauts.** Waxay leedahay kabo cirbo dhaadheer leh.

chemin *nom masculin* Waddo (meel tagta). **C'est le chemin le plus court pour aller à l'aéroport.** Waa waddada ugu gaaban si loo tago gegida diyaaradaha.

chemise *nom féminin* Shaati. **C'est une chemise chère.** Waa shaati qaali ah.

cher, chère *adjectif* 1. Qaali (wax). **Votre voiture est-elle chère?** Gaarigaagu miyuu yahay qaali? 2. Qaali (qof). **Mon cher ami.** Saaxiibkayga qaaliga ah.

chercher *verbe transitif* Raadi. **Qu'est-ce que tu cherches?** Maxaad raadinaysaa?

cheval *nom masculin* Faras. **Un cheval mange de l'herbe.** Faras wuxuu cunaa caws.

cheveu *nom masculin* Timo (mar kasta waa jamac: *cheveux*). **Mes cheveux sont courts.** Timahaygu way gaaban yihiin. **Geelle a les cheveux courts.** Geelle wuxuu leeyahay timo gaaban.

chèvre *nom féminin* Ri'. **La chèvre mange de l'herbe.** Ridu waxay cunaysaa caws. chez *préposition* 1. Rug (meel). **Je suis chez le médecin.** Waxaan joogaa rugta caafimaadka. 2. Guri. **Je reste chez moi ce week-end.** Waxaan joogayaa gurigayga fasaxa toddobaadkan. 3. Dhinac (marka jiho la sheegayo). **Chez le dentiste.** Dhinaca dhakhtarka ilkaha.

chien *nom masculin* Ey. **Mon chien ne dort pas beaucoup.** Eygaygu aad uma seexdo. **Attention, chien méchant!** Iska jir, ey xun!

chiffres *nom masculin* Tiro. **Tu te souviens des onze chiffres de mon numéro de portable?** Miyaad xusuusataa kow iyo tobanka tiro ee tirsiga telefoonkayga gacanta?

chocolat *nom masculin* Shukulaato. **Warsan aime le chocolat et les biscuits** Warsan waxay jeceshahay shukulaatada iyo buskudka.

chocolaterie *nom féminin* Dukaan shukulaato keliya iibiya. **Elle va à la chocolaterie.** Waxay tagaysaa dukaanka shukulaatada iibiya.

choisir *verbe transitif* Dooro. **Elle a choisi un livre histoire.** Waxay dooratay buug taariikh ah.

choix *nom masculin* Doorasho (wax qofku kala dooranayo). **Je n'ai pas le choix.** Maan lihi doorasho.

chose *nom féminin* Wax. **Je dois faire une chose importante aujourd'hui.** Waa inaan sameeyo wax muhiim ah maanta.

-ci *adverbe* -kan/-tan/. **Ce livre-ci.** Buuggakan. **Cette voiture-ci.** Gaarigakan.

ciel *nom masculin* Cir. **Un ciel nuageux.** Cir daruuro leh.

cinéma *nom masculin* Shineemo. **Nous allons au cinéma.** Waxaannu tagaynaa shineemada.

circuler *verbe intransitif* Mar (gaari). **La rue est si étroite que seule une voiture pouvait y circuler à la fois.** Waddadu aad ayay u dhuuban tahay oo hal gaari ayaa halkaas mari kara halkii mar.

ciseaux *nom masculin pluriel* Maqas. **Une paire de ciseaux est sur le table.** Hal maqas baa miiska saaran.

clair, claire *adjectif* Cad (arrin). **Il est clair que tu n'as pas compris le sujet.** Way caddahay in aadan fahmin mowduuca.

classe *nom féminin* 1. Fasal. **Une classe de français.** Fasal af Faransiis ah. 2. Heer (gaadiidka). **My frère aime voyager en première classe.** Walaalkay wuxuu jecel yahay inuu ku safro heerka kowaad.

clé *nom féminin* Fure. **Les clés de ma voiture.** Furayaasha gaarigayga.

client, cliente *nom* Macmiil. **Elle est l'une de nos clients réguliers.** Iyadu waa mid ka mid ah macaamiisheenna joogtada ah.

cliquer *verbe transitif* Guji. **Cliquez ici pour entrer sur le site web de l'entreprise.** Halkan guji si aad u gasho websaytka shirkadda.

cloche *nom féminin* Dawan, gambaleel. **La cloche du navire a sonné.** Dawanka markabka ayaa yeeray.

cochon *nom masculin* Doofaar. **Le cochon dort.** Doofaarku wuu hurdaa.

cœur *nom masculin* 1. Wadne. **Le médecin a écouté les battements de cœur.** Dhakhtarku wuxuu dhegeystay garaaca wadnaha. 2. Qalbi fiican leh (lala isticmaalo *avoir*). **Elle a un grand cœur et aide toujours les autres.** Waxay leedahay qalbi fiican oo mar kasta caawisaa dadka kale.

coffre-fort *nom masculin* Qasnad. **Il y a un coffre-fort dans le magasin.** Qasnad ayaa dukaanka taalla.

coiffeur, coiffeuse *nom* Rayisle, timajare. **Je vais chez le coiffeur.** Waxaan aadayaa timajaraha.

coincé, coincée *adjectif* 1. Ku xanniban. **Je suis coincé dans l'ascenseur.** Waxaan ku xannibanahay wiishka. 2. Ka soo bixi la' (wax meel ku dhagay). **La clé est coincée dans la serrure.** Furuhu wuxuu ka soo bixi la' yahay sakatuurada (meesha albaabka laga xiro).

colère *nom féminin* 1. Caro, xanaaq. **Sa colère était si intense.** Caradeedu aad bay u xoog badnayd. 2. Caraysan (lala isticmaalo *être en*). **Elle n'est pas en colère.** Iyadu may caraysna. **Es-tu en colère?** Miyaad caraysan tahay?

colis *nom masculin* Baakad (la soo diray). **Le colis est arrivé à sa destination.** Baakaddu way timid meeshii ay u socotay. **Elle a reçu un colis de sa sœur.** Waxay walaasheed ka heshay xirmo (baakad).

collecter *verbe transitif* Ururi (xog, qaaraan, yabooh iwm). **Je collecte des informations sur les écoles primaires de cette région.** Waxaan ururinayaa macluumaad ku saabsan dugsiyada hoose ee gobolkan.

combien *adverbe interrogatif ou exclamatif* 1. Immisa (lala isticmaalo *de*). **Combien de personnes as-tu invitées?** Immisa qof ayaad martiqaadday? 2. Immisa (sicir). **C'est combien?** Waa immisa? 3.

Intee (waqti, lala isticmaalo *de*). **Combien de temps est-ce que tu seras absente?** Intee ayaad maqnaanaysaa? 4. Inta (sicir) **Je ne sais pas combien ça coûte.** Maan ogi inta uu joogo (inta la siisto). 5. Loo isticmaalo la yaabka. **Combien il fait froid aujourd'hui!** Qabow badanaa maanta!

comble *adjectif* Buux (meel). **L'autobus est comble.** Basku wuu buuxaa

commander *verbe transitif* Dalbo. **J'ai commandé du riz pour le dîner.** Waxaan dalbaday bariis casho ahaan.

commencer *verbe intransitive* Billow. **Le cours commence à neuf heures.** Fasalku wuxuu billowdaa sagaalka.

commencer *verbe transitif* Bilaab. **Elle commence ses études universitaires l'année prochaine.** Waxay bilaabaysaa waxbarashadeeda jaamacadeed sanadka dambe.

comment *adverbe* 1. Sidee. **Comment allez-vous aujourd'hui?** Sidee baad tahay maanta? 2. Sida. **Je ne comprends pas comment ça s'est passé.** Maan fahmi karo sida taasi ay u dhacday.

commenter *verbe transitif* Ka faallood. **Elle va commenter ces rapports.** Waxay ka faalloonaysaa warbixinnadan.

commerce *nom masculin* Ganacsi. **Le pont entre les deux pays est important pour le commerce.** Buundada u dhexeysa labada dal waxay muhiim u tahay ganacsiga.

commettre *verbe transitif* Gal (dambi). **Qui a commis le crime?** Yaa dambiga galay?

communauté *nom féminin* Beel (dad tuulo ama magaalo ku wada nool). **Les habitants des faubourgs ont organisé une fête pour célébrer leur communauté.** Dadka ku nool duleedka magaalada waxay abaabuleen xaflad si ay ugu dabbaaldagaan beeshooda. **La communauté internationale.** Beesha Caalamka.

compagnie *nom féminin* 1. Shirkad. **Elle travaille dans une compagnie d'assurance.** Waxay u shaqaysaa shirkad caymis. 2. Weheli, la soco (lala isticmaalo *être en*...): ...**en compagnie de sa mère** ... ay weheliso/la socoto hooyadiis.

comparer *verbe transitif* Isbarbardhig. **Il veut comparer deux voitures.** Wuxuu doonayaa inuu isbarbardhigo laba baabuur.

compétence *nom féminin* Xirfad. **As-tu des compétences en informatique?** Miyaad leedahay xirfado kombuyuutar?

complet, complète *adjectif* 1. Dhan. **Je rester un mois complet.** Waxaan joogayaa bil dhan. 2. Buux. **L'hôtel est complet.** Hoteelku wuu buuxaa.

composer *verbe transitif* 1. Ka kooban (lala isticmaalo *être*). **Le comité est composé de quatre membres.** Guddigu wuxuu ka kooban yahay afar xubnood. 2. Curi, qor (qiso, ruwaayad, gabay iwm). **L'écrivain a composé plusieurs romans.** Qoruhu wuxuu curiyay dhowr qiso.

comprendre *verbe transitif* 1. Faham. **Elle ne comprend pas ce que vous dites.** May fahmin iyadu waxa aad tiri. 2. Ka kooban. **La maison comprend trois chambres.** Gurigu wuxuu ka kooban yahay seddex qol hurdo.

comprimé *nom masculin* Kiniini. **Le comprimé est un médicament qui se prend par la bouche.** Kiniinigu waa daawo afka laga qaato.

compte *nom masculin* 1. Tiro, xaddi. **Comment puis-je réduire le compte d'eau et d'énergie que j'utilise à la maison?** Sidee baan u dhimi karaa xaddiga biyaha iyo tamarta aan ku isticmaalo guriga? 2. Xisaab-bangiyeed (akoon). **J'ai un seul compte bancaire.** Waxaan leeyahay hal xisaab-bangiyeed oo keliya.

compter *verbe transitif* 1. Tiri. **Elle a trois ans mais elle peut compter jusqu'à trente.** Waa seddex jir iyadu laakiin waxay tirin kartaa ilaa soddon. 2. La isticmaalo marka tiro la sheegayo. **La ville compte environ deux cent mille habitants.** Waxaa magaalada ku nool 200,000 oo qof meelahaas.

concours *nom masculin* Tartan. **Le concours de chant était très compétitif.** Tartankii heesuhu wuxuu ahaa mid aad loogu baratamay.

conducteur *nom masculin* Darawal. **Le conducteur du bus a ouvert les portes pour que les passagers descendent.** Darawalka basku wuxuu furay albaabbada si rakaabku ay u dagaan.

conduire *verbe transitif* Wad (gaari). **J'aime conduire ma voiture sur les routes de campagne.** Waxaan jeclahay inaan gaarigayga ku wado waddooyinka miyiga.

confiance *nom féminin* 1. Aaminaad. **La confiance est la base d'une relation solide.** Aaminaaddu waa asaaska xiriir adag. 2. Kalsooni (qof lagu qabo). **J'ai confiance en elle.** Waan ku kalsoonahay iyada.

confiture *nom féminin* Malmalaaddo. **La confiture est dans le réfrgerateur.** Malmalaaddadu waxay ku jirtaa qaboojiyaha (firintijeerka).

conférence *nom féminin* Shir. **Après la conférence, nous avons reçu un certificat de participation.** Shirka kaddib, waxaannu qaadannay shahaado ka-qeybgal.

congé *nom masculin* Fasax (shaqo). **J'ai une semaine de congé.** Waxaan leeyahay hal toddobaad oo fasax ah.

connaître *verbe transitif* Aqow. **Je connais le garçon qui est là-bas.** Waan aqaan wiilka halkaas jooga.

connu, connue *adjectif* La yaqaanno, caan ah. **C'est un acteur connu.** Waa jilaa caan ah (isagu).

conseiller *verbe transitif* La tali. **Le médecin a conseillé au patient de faire de l'exercice.** Dhakhtarku wuxuu bukaanka kula taliyay inuu jimicsado.

consigne *nom féminin* 1. Tilmaan (sida wax loo isticmaalo). **Il est important d'expliquer clairement les consignes afin d'éviter toute confusion.** Waa muhiim in tilmaammaha loo sharxo si cad si la iskaga dhowro wareer dhan.

construire *verb transitif* Dhis. **Je vais construire une maison en bois dans la forêt.** Waxaan guri ka samaysan alwaax ka dhisayaa keynta.

contacter *verbe transitif* La xiriir. **J'ai essayé de contacter mon ami, mais il ne répondait pas.** Waxaan isku dayay inaan la xiriiro saaxiibkay, laakiin muu soo jawaabin.

conte *nom masculin* Sheeko. **Elle écrit des contes Somalis.** Waxay qortaa sheekooyin Soomaaliyeed.

contenir *verbe transitif* 1. Ku jir. **Ce bol contient du riz.** Baaquligan waxaa ku jira bariis. 2. Qaad (mug). **Cette bouteille peut contenir deux litres.** Dhaladani waxay qaadi kartaa laba liitar. 3. Ka koobon. **Ce livre contient huit chapitres.** Buuggani wuxuu ka kooban tahay siddeed cutub.

content, contente *adjectif* Faraxsan. **Elle est très contente de son voyage en Europe.** Waxay aad ugu faraxsan tahay safarkeeda Yurub. **Je suis content d'avoir réussi mon examen.** Waan ku faraxsanahay inaan ku guuleystay imtixaankayga.

continent *nom masculine* **Qaarad.** **L'Asie est un continent.** Aasiya waa qaarad.

continuer *verb intransitif* 1. Sii wad (hawl ama waxqabad). **Je vais continuer à étudier pour mon examen demain.** Waxaan sii wadayaa inaan wax akhristo imtixaankayga berri awgiis. 2. Sii soco (xaalad). **Cette situation peut-elle continuer?** Miyay xaaladdani sii socon kartaa?

contraire *nom masculin* 1. Iska soo horjeed. **Deux opinions contraires.** Laba fikradood oo iska soo horjeeda 2. Taas beddelkeeda (lala isticmaalo *au*). **Elle ne va pas à l'anniversaire. Au contraire, elle travaille ce soir** May tagayso xafladda dhalashada. Taas beddelkeeda, way shaqaynaysaa caawa.

contre *préposition* 1. Ka soo horjeed (arrin, lala isticmaalo *être*). **Ils sont contre le nouveau plan.** Way ka soo horjeedaan qorshaha cusub. 2. Ku. **L'échelle est appuyée contre le mur.** Jaranjaradu waxay ku tiirsan tahay darbiga. 3. La (lala isticmaalo *se battre*). **Elle se bat contre la corruption.** Waxay la dagaallantaa musuqmaasuqa.

contribuer *verbe intransitif* 1. Wax ku biiri. **Elle peut contribuer au débat.** Wax way ku biirin kartaa doodda. 2. Gacan ka geyso **Réduire la vitesse de conduite contribue à la sécurité routière.** Yaraynta xawaaraha gaari-wadista ayaa gacan ka geysata ku badqabka waddooyinka.

convaincre *verbe transitif* Ka dhaadhici. **Je vais essayer de le convaincre de venir à la fête.** Waxaan isku dayayaa inaan isaga ka dhaadhiciyo inuu yimaado xafladda.

conversation *nom féminin* Sheekeysi. **Ècoutez la conversation entre la journaliste et le docteur.** Dhegeyso sheekaysiga u dhexeeya saxafiyadda iyo dhaqtarka.

copain, copine *nom* Saaxiib, saaxiibad. **Allons au cinéma avec nos copains.** Aannu shineemada la tagno saaxiibbadeen.

corps *nom masculin* Jir. **Le corps humain.** Jirka aadamiga.

correct, correcte *adjectif* Sax. **Cette phrase est correcte.** Weedhan waa sax.

corriger *verbe transitif* Sax. **Le professeur corrige les copies d'examen.** Baruhu wuxuu saxayaa warqadaha imtixaanka.

costume *nom masculin* Isku joog, suudh. **Il va acheter un costume.** Wuu soo iibsanayaa isku joog (suudh).

côte *nom féminin* Xeeb. **Nous avons acheté une maison sur la côte.** Waxaannu guri ka iibsannay xeebta.

côté *nom masculin* Dhinac. **Le restaurant est situé de l'autre côté de la rue.** Maqaayaddu waxay ku taallaa dhinaca kale ee waddada. **Elle a mal au côté droit.** Dhinaca midig ayaa iyada laga hayaa.

côtier, côtière *adjectif* Xeebeed. **La région côtière est réputée pour ses délicieux fruits de mer.** Gobol xeebeedku wuxuu caan ku yahay cunto badeedkiisa dhadhanka fiican leh.

coton *nom masculin* Suuf. **Est-ce que tu aimes les vêtements en coton en été?** Miyaad jeceshahay dharka suuf ka samaysan xagaaga?

cou *nom masculin* Qoor. **Il s'est gratté le cou.** Wuxuu xoqay qoorta.

se coucher *verbe pronominal* Seexo (hurdo). **Je me couche à huit heures.** Waxaan seexdaa siddeedda.

coudre *verbe transitif* Tol. **Pouvez-vous coudre les deux côtés ensemble?** Miyaad isku toli kartaa labada dhinac?

couler *verbe intransitif* 1. Deg. **Le bateau a presque coulé à cause de la mer agitée.** Doontu way degi gaartay badda kacsan awgeed. 2. Qulqul. **L'eau de la rivière coule dans la mer.** Biyaha wabigu waxay u qulqulaan badda.

couleur *nom féminin* Midab. **De quelle couleur est leur voiture?** Waa midabkee gaarigoodu?

couper *verbe transitif* Jarjar. **Je vais couper cette pomme en petits morceaux pour la partager avec tout le monde.** Waxaan tufaaxan u jarjarayaa gabal-gabal yaryar si aan qof kasta ula wadaago.

cour *nom féminin* 1. Maxkamad. **La Cour suprême des États-Unis est la plus haute cour du pays.** Maxkamadda Sare ee Maraykanku waa maxkamadda ugu sarreysa dalka. 2. Daarad. **Les élèves se retrouvent dans la cour de l'école.** Ardaydu waxay iskugu yimaadaan daaradda dugsiga. 3. Gole (boqorka iyo shaqaalihiisa u gaar ah). **La cour du roi James.** Golihii Boqor James.

courant, courante *adjectif* 1. Guud. **C'est une pratique courante de consulter un médecin seulement lorsque vous avez un rendez-vous.** Waa dhaqan guud in la arko dhakhtar keliya marka aad ballan leedahay. 2. Socda ama lagu jiro (waqti). **L'année courante.** Sanadkan lagu jiro. 3. La soco (arrin, lala isticmaalo *être au*). **Je suis au courant du nouveau plan.** Waan la socdaa qorshaha cusub.

courir *verbe intransitif* Orod. **Je cours tous les matins pour rester en forme.** Waan ordaa aroor walba si jirkaygu u dhisnaado.

courriel *nom masculin* Eemayl. **Elle a envoyé un courriel.** Waxay dirtay eemayl.

cours *nom masculin* 1. Kooras (fasal hal maaddo ah). **Le cours d'histoire commencera le mois prochain.** Fasalka taariikhdu wuxuu billaaban doonaa bisha dambe. 2. Socod (wax ama dhacdo). **Le cours de la Lune.** Socodka dayaxa.

court, courte *adjectif* Gaaban. **Des cheveux courts.** Timo gaaban.

coût *nom masculin* Qarash. **Le coût total du projet s'élève à un million d'euros.** Isugeynta qarashka mashruuca waxay gaaraysaa hal milyan oo Yuuro.

couteau *nom masculin* Mindi. **Il y a un couteau sur la table.** Waxaa miiska saaran mindi.

coûter *verbe intransitif* Joog (sicir). **Combien coûte cette voiture?** Immisa ayuu gaarigani joogaa (waa immisa gaarigani)?

craindre *verbe transitif* Ka cabso. **Tu crains d'aller chez le dentiste?** Miyaad ka cabsataa inaad tagto rugta dhakhtarka ilkaha?

cravate *nom féminin* Garabaati. **J'aime porter une belle cravate assortie à mon costume.** Waxaan jeclahay inaan xirto garabaati qurux-badan oo ku habboon dharkayga.

crayon *nom masculin* Qalin rasaas. **Puis-je emprunter ton crayon?** Miyaan amaahan karaa qalin rasaaskaaga?

créer *verbe transitif* 1. Abuur. **Elle a créé une nouvelle entreprise.** Waxay abuurtay ganacsi cusub. 2. Samee. **Les architectes ont créé un bâtiment moderne.** Naqshadeeyayaashu waxay sameeyeen dhisme casri ah.

crier *verbe intransitif* Qayli. **J'ai dû crier pour me faire entendre.** Waan ku qasbanaa inaan qayliyo si la ii maqlo.

crime *nom masculin* Dambi. **Ce n'est pas un crime.** Ma aha dambi.

croire *verbe transitif* 1. Rumeyso. **Je ne crois pas ce qu'il me dit.** Maan rumeysto waxa uu ii sheego. **En quoi croit-il?** Muxuu rumeysan yahay? **Crois-moi.** I rumeyso. 2. La ah. **Je crois qu'il arrivera demain.** Waxay ila tahay inuu berri iman doono. **Je crois que oui.** Sidaas bay ila tahay haa.

se croire *verbe pronominal* Rumeysan. **Je me crois capable de réussir cette tâche difficile.** Waxaan rumeysnahay inaan karti u leeyahay inaan ku guuleysto hawshan adag.

croissant *nom masculin* Nooc cunto ah lagu quraacdo aan rooti ahayn, korosaa. **J'ai acheté un croissant au chocolat pour le petit-déjeuner.** Waxaan quraac ahaan u soo iibsaday korosaa shukulaato leh.

cuillère *nom féminin* Qaaddo. **Je vais utiliser une cuillère pour manger du riz.** Waxaan isticmaalayaa qaaddo si aan u cuno bariis.

cuire *verbe transitif* 1. Kari. **Je peux cuire les pâtes pendant que tu prépares la sauce.** Waan karin karaa baastada inta aad diyaarinayso (karinayso) suugada. 2. Dub (lala isticmaalo *faire iyo cuire*). **Tu peux faire cuire un pain.** Waad dubi kartaa rooti.

cuisine *nom féminin* 1. Jiko. **La cuisine a deux portes.** Jikadu laba albaab ayay leedahay. 2. Cunto-karin. **J'aime faire la cuisine.** Waan jeclahay cunto-karinta.

cuisiner *verbe transitif* Kari. **Qu'est-ce que tu cuisines aujourd'hui ?** Maxaad maanta karinaysaa?

cuisinier *nom masculin* Cunto-kariye. **Le cuisinier n'est pas dans la**

cuisine. Cunto-kariyihu kuma jiro jikada.

cuisinière *nom féminin* 1. Cunto-kariso. **La cuisinière est occupée.** Cunto-karisadu waa mashquul. 2. Shoolad. **Combien coûte cette cuisinière?** Waa immisa shooladdani?

culture *nom féminin* 1. Dhaqan. **Il est vrai que les cultures du monde sont différentes.** Waa run in dhaqammada adduunku ay kala duduwan yihiin. 2. Aqoon gaar ah. **Il a une vaste culture médicale.** Wuxuu leeyahay aqoon caafimaad oo ballaaran.

curieux, curieuse *adjectif* Wax ogaasho jecel. **Il est curieux de tout.** Wuxuu jecel yahay inuu wax kasta ogaado

D

dame *nom féminin* Marwo. **Cette dame cherche son sac à main.** Marwadani waxay raadinaysaa boorsadeeda gacanta.

dangereux, dangereuse *adjectif* Halis. **Il est dangereux de conduire quand il y a du vent.** Waa halis in gaari la wado marka dabayl ay jirto.

dans *préposition* Ku. **Il est dans sa chambre.** Qolkiisa ayuu (isagu) ku jiraa. **Dans quelle pièce prennent-ils le petit déjeuner?** Qolkee ayay ku quraacdaan?

danser *verbe intransitif* Qoob ka ciyaar. **Elle aime danser le soir.**

avec ses amis. Waxay jeceshahay inay maqribka la qoob ka ciyaarto saaxiibbadeed.

date *nom féminin* Taariikh (maalin). **Quelle est la date aujourd'hui?** Waa maxay taariikhdu maanta?

davantage *adverbe* Sii. **Je ne peux pas rester davantage.** Maan sii joogi karo.

de *préposition* 1. Loo isticmaalo lahaansho. **La maison de mon ami.** Guriga saaxiibkay. 2. Ah. **Une tasse de café.** Koob qaxwe ah. 3. La isticmaalo marka la sheegayo dalka qof uu u dhashay. **Je viens de Somalie.** Waxaan ka soo jeedaa Soomaaliya. 4. Loo isticmaalo isbarbardhig. **C'est le moins cher de tous.** Wuu ugu sicir jaban yahay dhammaantood. 5. Lala isticmaalo fal (*verbe*). **J'ai besoin de partir tôt ce soir.** Waxaan u baahanahay inaan goor hore caawo baxo.

début *nom masculin* Billow. **Je suis arrivé en avance au début de la réunion.** Waxaan imid goor hore billowgii kulanka.

débuter *verbe transitif* Bilaab. **Mon ami veut débuter l'apprentissage de la guitare.** Saaxiibkay wuxuu doonayaa inuu bilaabo barashada kitaarka.

débuter *verbe intransitif* Billow. **La conférence va débuter à trois heures.** Shirku wuxuu billaabanayaa seddexda.

décaler *verbe transitif* 1. Durki. **Elle a décalé la chaise à gauche.** Waxay kursiga u durkisay bidixda. 2. Beddel (waqti). **Je veux décaler le rendez-vous.** Waxaan doonayaa inaan beddelo ballanta.

décède, décédée *adjectif* Mootan. **L'homme va mettre des fleurs sur les tombes de ses proches décédés.** Ninku wuxuu ubaxyo saarayaa qabriyada qaraabadiisa mootan.

décéder *verbe intransitif* Geeriyood. **Ma mère est décédée l'année dernière.** Waxay hooyaday geeriyootay sanadkii hore.

décembre *nom masculin* Diseembar. **En décembre, les festivités de fin d'année approchent, avec Noël et le Nouvel An à célébrer.** Diseembar damaashaadyada dhammaadka sanadka ayaa soo dhowaada, oo lala xusaa Kirismaska iyo Sanadka Cusub.

décevoir *verbe transitif* Niyadjabi. **Je ne t'ai pas déçu.** Maan ku niyadjabinin.

décharger *verbe transitif* Rarka ka deji. **Deux hommes déchargent le véhicule.** Laba nin ayaa rarka ka dejinaya baabuurka.

déchet *nom masculin* Wasakh (badan). **Il y a des déchets devant le bureau.** Qashin baa yaalla xafiiska hortiisa.

déchirer *verbe transitif* Jeex. **Le garçon a déchiré une page du livre.** Wiilku wuxuu jeexay bog buugga ka mid ah.

décider *verbe intransitif* 1. Go'aanso. **Il est temps de décider si nous allons acheter cette maison ou non.** Waxaa la joogaa waqtiga aannu go'aansanayno inaannu guriga iibsanayno iyo in kale. 2. Go'aami. **Quel match détermine l'issue du championnat?** Ciyaartee go'aamisa natiijada horyaalka weyn?

décision *nom féminin* Go'aan. **La décision a été prise de reporter la réunion à la semaine prochaine.** Go'aan ayaa la qaatay si kulanka dib loogu dhigo ilaa toddobaadka dambe.

découvrir *verbe transitif* Hel (meel). **J'ai découvert un nouveau restaurant français dans le quartier.** Waxaan soo helay maqaayad Faransiis oo cusub xaafadda.

décrire *verbe transitif* 1. Ku tilmaan. **Elle a décrit l'homme comme grand et âgé d'environ 30 ans.** Waxay ku tilmaantay ninka inuu dheer yahay oo jiro 30 sano meelahaas. 2. Sheeg. **C'est difficile de décrire ce que je ressens.** Way adag tahay inaan sheego waxa aan dareemayo.

dedans *adverbe* Gudaha. **On déjeune dehors ou dedans?** Miyaynu ku qadaynaynaa dibedda ama gudaha?

défaut *nom masculin* Cillad (qof). **Mon plus gros défaut est ma tendance à procrastiner.** Cilladdayda ugu weyn waa caadaysigayga inaan wahsado.

défendre *verbe transitif* Difaac (qof/dal/aragti). **L'avocat a défendu son client avec brio.** Qareenku wuxuu si heer sare ah u difaacay macmiilkiisa.

défi *nom masculin* 1. Hawl (soo korodhay oo dadaal u baahan). **Nous nous croyons prêts pour ce défi.** Waxaannu rumeysannahay inaannu diyaar u nahay hawshan . 2. Xujo, hawl adag. **Ce défi est très difficile.** Xujadani aad ayay u adag tahay.

définir *verbe transitif* Qeex. **Peux-tu définir le mot « science »?** Miyaad qeexi kartaa ereyga "saynis"?

dehors *adverbe* Bannaanka. **Les élèves jouent-ils dehors ?** Miyay ardaydu ku ciyaarayaan bannaanka? **Je t'attends dehors.** Waxaan kugu sugayaa bannaanka.

déjà *adverbe* Mar hore. **Elle a déjà fini.** Mar hore ayay dhammaysay.

déjeuner *nom masculin* Qado. **Quand est-ce que le déjeuner est prêt?** Goorma ayay qadadu diyaar tahay?

délivrer *verbe transitif* 1. Bixi (oggolaansho) **Le maire a délivré un permis de construire.** Duqa Magaalada ayaa bixiyay oggolaansho in wax la dhiso. 2. Keen (wax la soo diray). **Le facteur a délivré une lettre recommandée.** Boostaaluhu wuxuu keenay warqad diiwaangashan. 3. Keen (wax la dalbaday). **La librairie a délivré le livre commandé.** Maktabaddu way keentay buuggii la dalbaday. 4. Qor (daawo) **Le médecin va délivrer l'ordonnance à son patient.** Dhaqtarku wuxuu daawo u qorayaa bukaankiisa (qofka xanuunsan).

demain *adverbe* Berri. **À demain.** Waa inoo berri.

demande *nom féminin* Codsi. **Une demande d'emploi.** Codsi shaqo.

demander *verbe transitif* Weyddii. **Je demande à la fleuriste le prix des roses.** Waxaan weyddiinayaa ubax-iibisada sicirka ubaxyada.

se demander *verbe pronominal* Is weyddii. **On se demande bien pourquoi il a fait ça.** Waxaa la isweyddiinayaa sababta uu waxaas u sameeyay.

dent *nom féminin* Ilig. **Les 32 dents de l'homme.** Laba iyo soddonka ilig ee qofka.

dentiste *nom* **J'ai rendez-vous chez le dentiste demain.** Waxaan berri ballan ku leeyahay rugta dhakhtarka ilkaha.

dépasser *verbe transitif* 1. Dhaaf. **La voiture a dépassé le camion.**

Gaarigu wuu dhaafay baabuurka weyn. 2. Ka dheeree. **Le coureur peut dépasser ses adversaires.** Orodyahanku wuu ka dheerayn karaa la tartamayaashiisa. 3. Ka bado. **Les ventes ont dépassé nos attentes.** Iibku wuu ka batay intii aannu filaynay (filitaankeenna).

dépêcher *verbe transitif* Dir. **Le président va dépêcher un émissaire.** Madaxweynuhu wuxuu diri doonaa ergay.

se dépêcher *verbe pronominal* Degdeg, dhaqso. **Je me dépêche pour ne pas être en retard au travail.** Waan dhaqsanayaa si aanan shaqada uga daahin.

dépense *nom féminin* Qarash. **Dépenses familiales.** Qarashyada qoysaska.

dépenser *verbe transitif* Qarashgaree. **Aweys dépense beaucoup d'argent.** Aweys wuxuu qarashgareeyaa lacag badan.

dépendre *verbe transitif* Ku xiran (lala isticmaalo *de*). **Cela dépend de la disponibilité d'une maison à louer.** Waxay ku xiran tahay helista guri la kiraynayo.

depuis *préposition* 1.Tan iyo... **Elle vit à Londres depuis mille neuf cent quatre-vingt-dix-neuf.** Waxay ku nooshahay London tan iyo 1999kii. 2. Waqti gaaraya (la isticmaalo marka waqti inta uu socdo ama socday la sheegayo).

Je le connais depuis quatre ans. Waxaan isaga aqaan waqti gaaraya afar sano.

déranger *verbe transitif* 1. Qas (qof shaqo wada). **Ne me dérange pas quand je travaille à la maison.** Ha i qasin markaan guriga ku shaqaynayo. 2. Isku qas (wax kala soocnaa). **Il a dérangé mes livres.** Wuxuu isku qasay buugaggayga.

dernier, dernière *adjectif* 1. Ugu dambee. **La dernière fois que je l'ai vu, c'était il y a deux ans.** Markii ugu dambeeyay aan isaga arkay waxay ahayd laba sanad ka hor. 2. Hore (waqti). **L'année dernière, je suis allé en Italie.** Sanadkii hore waxaan tagay Talyaaniga.

dernièrement *adverbe* Dhowaan **Nous avons acheté une nouvelle voiture dernièrement et nous sommes très satisfaits.** Waxaannu dhowaan iibsannay gaari cusub oo aad baannu u qanacsannahay.

des *article partitif* Qodob ka hormara magac jamac ah. **Il y a des livres sous la table.** Waxaa miiska hoostiisa yaalla buugag.

dès *préposition* 1. Laga billaabo (waqti), haddadan. **Tu commences dès maintenant?** Miyaad bilaabaysaa haddadan? 2. Marka. **Dès mon retour, je peindrai ma chambre.** Marka aan soo noqdo, waxaan rinjiyeyn doonaa qolkayga. **Dès lors.** Laga billaabo markaas.

descendre *verbe intransitif* 1. Ka deg. **Je vais descendre à la prochaine gare.** Waxaan kaga degayaa saldhigga xiga ee tareenka. 2. Soo deg (diyaarad). **L'avion est en train de descendre.** Diyaaraddu way soo degaysaa.

descendre *verbe transitif* Soo deji. **Tu peux descendre ma valise?** Miyaad shandaddayda soo dejin kartaa?

désirer *verbe transitif* 1. Rab. **Vous désirez?** Maxaan kuu qabtaa (maxaad rabtaa)? 2. Jeclow in (lala isticmaalo *que*). **Je désire que vous m'aidez.** Waxaan jeclaan lahaa inaad i caawisid.

désolé, désolée *adjectif* Ka xun (dareen). **Je suis désolé.** Waan ka xumahay.

dessert *nom masculin* Xalwiyaad, macmacaan. **Qu'est-ce que tu désire comme dessert?** Maxaad xalwiyaad ahaan jeclaan lahayd?

dessin *nom masculin* Sawir gacmeed. **C'est un dessin de chat.** Waa sawir gacmeed bisad.

dessiner *verbe transitif* Sawir. **J'ai dessiné un gros chat.** Waxaan sawiray bisad weyn.

destination *nom féminin* Meesha qof u socdo (safar). **Ma destination est Kismaayo.** Meesha aan u socdo waa Kismaayo.

dessus *adverbe* 1. Kor. **Je vais mettre les clés dessus la table.** Waxaan furayaasha saarayaa miiska korkiisa. 2. Ka sarree. **Les étoiles brillent dans le ciel, et la lune est juste dessus eux.** Xiddiguhu way ifayaan cirka, oo dayaxu wuuba ka sarreeyaa iyaga

détail *nom masculin* Faahfaahin. **Veuillez me donner plus de détails sur ce projet.** Adigoo mahadsan i sii faahfaahin dheeri ah oo ku saabsan mashruucan.

détenir *verbe transitif* Hayso (lacag iwm). **L'homme détient plusieurs milliers de dollars et des billets éthiopiennes.** Ninku wuxuu haystaa dhowr kun oo ah doollar iyo lacagta Itoobiya.

détester *verbe transitif* Neceb. **Je déteste ma photo prise.** Waan necbahay in sawir la iga qaado.

détruire *verbe transitif* Burburi. **Le feu a détruit le château.** Dabku wuxuu burburiyay qalcadda.

deux *numéral* Labo. **Mon frère a lu ce livre deux fois.** Walaalkay wuxuu buuggan akhriyay laba jeer.

deuxième *adjectif numéral ordinal* Labaad. **Le deuxième jour de la conférence.** Maalinta labaad ee shirka.

devant *adverbe* Hor. **Un taxi m'a déposé devant le bureau.** Taksi ayaa i hor dhigay xafiiska.

développer *verbe transitif* 1. Horumari. **Je souhaite développer mes compétences en langues étrangères.** Waxaan doonayaa inaan horumariyo xirfadahayga afafka qalaad. 2. Samee (barnaamij/daaweyn iwm). **Elle développe un nouveau programme informatique.** Waxay samaynaysaa barnaamij kombuyuutar oo cusub. 3. Caddee (sawir(ro). **J'ai envoyé les photos à développer à mon magasin de photographie préféré.** Waan diray sawirrada si loogu soo caddeeyo dukaanka sawirrada aan ugu jeclahay.

devenir *verbe intransitif* Noqo. **Le rêve est devenu réalité.** Riyadii run ayay noqotay.

devoir *nom masculin* 1. Shaqo guri (waxbarasho, waana jamac mar kasta macnahan). **Je fais mes devoirs.** Waxaan samaynayaa shaqadayda guriga. 2. Waajib. **Je remplis mon devoir.** Waxaan gudanayaa waajibkayga.

devoir *verbe auxiliaire* Waa in… **Je dois partir.** Waa inaan baxo.

devoir *verbe transitif* 1. Ku leh (amaah). **Elle me doit deux cents dollars.** Waxaan iyada ku leeyahay 200 oo doollar. 2. Ku leh. **Je lui dois trois cents dollars.** Waxay igu leedahay seddex boqol oo doollar.

dicter *verbe transitif* Yeeri. **Le professeur va dicter la leçon aux élèves.** Baruhu wuxuu casharka u yeerinayaa ardayda.

dictionnaire *nom masculin* Qaamuus. **Je cherche un mot dans le dictionnaire.** Waxaan erey ka baarayaa qaamuuska.

différence *nom féminin* Kala duwanaansho. **Le professeur a souligné la différence subtile entre ces deux termes.** Baruhu hoosta ayuu ka xarriiqay kala duwanaanshaha aan muuqanin u dhexeeya labadan erey. **Quelle est la différence entre ces deux modèles de voiture?** Maxay labadan nooc ee baabuur ku kala duwan yihiin?

différent, différente *adjectif* Ka duwan. **Votre voiture est très différente de la mienne.** Gaarigaagu aad buu uga duwan yahay kayga.

dimanche *nom masculin* Axad. **Dimanche, je vais à la plage.** Axadda waxaan tagayaa xeebta.

dîner *nom masculin* Casho. **L'heure du dîner.** Saacadda cashada.

dîner *verbe intransitif* Cashee. **Dînons au restaurant.** Aannu ka soo cashayno maqaayadda.

diplôme *nom masculin* Shahaado jaamacadeed. **Elle va obtenir un diplôme à la fin de cette année académique.** Waxay qaadanaysaa shahaado jaamacadeed dhammaadka sanad dugsiyeedkan jaamacadeed.

dire *verbe transitif* 1. Oro, dheh. **Qu'est-ce qu'elle a dit?** Maxay tiri**? Comment dit-on « chien » en Somali?** Maxaa "ey" lagu yiraahdaa af Soomaali? 2. Sheeg. **Il m'a dit la vérité.** Wuxuu ii sheegay runta.

direct, directe *adjectif* Toos. **Est-ce un train direct?** Ma tareen toos ah baa kani? hakanin)?

direction *nom féminin* Jiho. **Dans quelle direction va le train?** Jihadee buu tareenku aadayaa?

discuter *verbe transitif* Ka hadal (arrin). **On va en discuter demain.** Waxaannu taas ka wada hadli doonnaa berri.

disponible *adjectif* La heli karo. **Tu es disponible ce soir?** Miyaa caawa lagu heli karaa?

se disputer *verbe pronominal* Muran. **Elle se dispute toujours avec sa sœur.** Waxay badanaa la murantaa walaashed.

doigt *nom masculin* Far. **L'enfant compte ses doigts.** Ilmuhu wuxuu tirinayaa farahiisa.

dollar *nom masculin* Doollar. **J'ai besoin de changer trente dollars.** Waxaan u baahanahay inaan sarrifto soddon doollar.

dommage *nom masculin* 1. Waxyeello. **L'explosion a causé des dommages au bâtiment.** Qaruxu wuxuu waxyeello u geystay dhismaha. 2. Fiicnaan lahaydaa (lala isticmaalo *c'est*). **C'est dommage que nous n'ayons pas gagné le match.** Fiicnaan lahaydaa inaannu ciyaarta ku guuleysanno

donc *conjonction* 1. Sidaas darteed. **L'aéroport est à sept milles d'ici, donc je dois prendre un taxi.** Gegida diyaaraduhu waxay halkan u jirtaa toddoba mayl, sidaas darteed waa inaan tagsi qaato. 2. Illeen. **C'était donc toi!** Illeen adiga ayuu ahaa.

donner *verbe intransitif* 1. Sii. **Il m'a donné un ordinateur.** Wuxuu i siiyay kombuyuutar. 2. Bixi (wax aad leedahay). **Je donne ma voiture.** Waan bixinayaa gaarigayga.

dont *pronom relatif invariable* 1. Kiisa/teeda/kuwooda. **L'homme dont la voiture est à vendre.** Ninka gaarigiisu iib yahay. **Les filles dont les livres sont sur la table.** Gabdhaha buugaggoodu miiska saaran yihiin. 2. Ku jir. **Il y avait trois personnes au bureau, dont le nettoyeur.** Seddex qof baa xafiiska joogay, uu nadiifiyuhu ka jiro.

dormir *verbe intransitif* Seexo. **J'aime dormir quand je suis très fatigué.** Waxaan jeclahay inaan seexdo markaan aad u daallanahay.

dos *nom masculin* Dhabar. **Scrats mon dos, s'il te plaît!** Dhabarka ii xoq, adigoo mahadsan.

dossier *nom masculin* Gal. **Le dossier médical n'est pas sur la table.**

Galka caafimaadku ma saarna miiska.

doué, douée *verbe passif* Hibo u leh, ku fiican. **Le garçon est doué pour les mathématiques.** Wiilku wuxuu ku fiican yahay xisaabta.

douleur *nom féminin* Xanuun. **Le patient avait beaucoup de douleur.** Xanuun badan ayaa bukaanka hayay.

douloureux, douloureuse *adjectif* Xanuun badan. **La piqûre d'abeille est très douloureuse.** Qaniinyada shinnidu aad ayay u xanuun badan tahay.

doute *nom masculin* Shaki. **Je ne mets pas en doute ton honnêteté.** Maan ka qabo wax shaki ah daacadnimadaada. **Sans doute.** Shaki la'aan.

doux, douce *adjectif* 1. Jilicsan. **Le bébé a la peau douce.** Ilmuhu wuxuu leeyahay maqaar jilicsan. 2. Macaan. **Les desserts ont un goût doux.** Xalwiyaadku waxay leeyihiin dhadhan macaan.

douzaine *nom féminin* Darsin. **J'ai acheté une douzaine de savon.** Waxaan soo iibsaday darsin saabbuun ah.

drapeau *nom masculin* Calan. **Le drapeau d'un pays.** Calanka dal.

drogue *nom féminin* Maandooriye, daroogo. **La drogue peut causer de graves problèmes de santé.**

Maandooriyuhu wuxuu dhibaatooyin halis ah u keeni karaa caafimaadka.

droit *adverbe* Toos. **Tout droit.** Toos (markaad qof tilmaamayso).

droit *nom masculin* 1. Sharci (maaddo la barto). **Elle enseigne le droit civil à l'université.** Waxay sharciga madaniga ka dhigtaa jaamacad. 2. Xaq. **J'ai le droit de voter.** Waxaan leeyahay xaqa inaan codeeyo.

droit, droite *adjectif* 1. Midig. **Le bras droit.** Gacanta midig. 2. Toosan. **Une ligne droite.** Xarriiq toosan.

drôle *adjectif* Qosol leh. **Une histoire drôle.** Sheeko qosol leh.

du *article masculin* Qodob magac lab ah raaca (marka la isku daro *de* iyo *le*). **La porte du magasin.** Albaabka dukaanka.

du *article partitif* In, kis. **Voulez-vous du lait?** Miyaad doonaysaa kis caano ah?

dur, dure *adjectif* Adag. **Un lit dur.** Sariir adag.

durant *préposition* Intii lagu jiray (waqti). **Durant le voyage, nous avons visité plusieurs pays européens.** Intii lagu jiray safarka, waxaannu booqannay dhowr dal oo Yurub ah.

durer *verbe intransitif* Soco (waqti). **L'opération a duré trois heures.**

Hawlgalku wuxuu socday seddex saac.

E

eau *nom féminin* Biyo. **J'aime boire de l'eau froide quand j'ai soif.** Waxaan jeclahay inaan cabo biyo qabow marka oon uu i hayo.

s'échapper *verbe pronominal* Baxso. **La hyène s'est échappée de sa cage.** Waraabuhu wuu ka baxsaday saxaaraddiisa (qafiskiisa).

échec *nom masculin* Guuldarro. **L'échec ne signifie pas la fin. C'est une opportunité d'apprendre et de grandir.** Guuldarro ma aha dhammaadka. Waa fursad wax lagu barto oo lagu kobco.

echelle *nom féminin* Jaranjaro. **Vous devez monter l'échelle pour peindre le plafond.** Waa inaad jaranjarada kortid si aad u rinjiyeyso saqafka.

échouer *verbe intransitif* 1. Guuldarrayso. **Ton entreprise ne va pas échouer.** Ganacsigaagu ma guuldarraysanayo. 2. Ku dhac. **J'ai échoué à l'examen de chimie.** Waan ku dhacay imtixaanka kimistariga.

éclater *verbe intransitif* Qarax. **Quand est-ce que la Seconde Guerre mondiale a éclaté?** Goorma ayuu Dagaalkii Labaad ee adduunku qarxay?

école *nom féminin* Dugsi. **Elle va à l'école.** Waxay tagaysaa dugsiga.

économie *nom féminin* 1. Dhaqaalaha (maaddo, lala isticmaalo *l'*). **Elle enseigne l'économie à l'Université Nugaal.** Waxay dhaqaalaha ka dhigtaa Jaamacadda Nugaal. 2. Dhaqaale. **L'économie nationale.** Dhaqaalaha qaranka.

économique *adjectif* 1. Dhaqaale. **La politique économique du gouvernement.** Siyaasadda dhaqaalaha ee dowladda. 2. Lacag badan aysan ku baxaynin. **Ma voiture est économique.** Lacag badan kuma baxdo gaarigayga.

économiser *verbe transitif* Kaydso, kaydi. **Je dois économiser de l'argent pour mes vacances d'été.** Waa inaan lacag u kaydsado fasaxayga xagaaga.

économiste *nom* Dhaqaaleyahan/ dhaqaaleyahanad. **Elle est économiste principal dans une entreprise.** Waxay dhaqaaleyahanad sare ka tahay shirkad.

écouter *verbe transitif* Dhegeyso. **J'aime écouter de la musique en travaillant.** Waxaan jeclahay inaan muusig dhegeysto intaan shaqaynayo.

écraser *verbe transitif* Ridiq (sida cajiin ka dhig). **Je cuis les pommes de terre et puis les écrase.** Waan kariyaa baradhada oo kaddib ridqaa.

écrire *verbe transitif* Qor. **J'écris une lettre à mon frère.** Waxaan warqad u qorayaa walaalkay.

écriture *nom féminin* 1. Qoraal. **L'écriture est un moyen de communication essentiel.** Qoraalku waa hab muhiim ee wax isku soo gudbinta. 2. Far (wax qoris). **Tu as une belle écriture.** Waxaad leedahay far qurux badan.

effectuer *verbe transitif* Samee (hawl). **Elle a effectué des recherches approfondies sur ce sujet avant de rédiger son article.** Waxay cilmibaaris ballaaran ku samaysay mowduucan ka hor qorista maqaalkeeda.

effet *nom masculin* Saamayn. **L'effet de ce médicament est rapide.** Saamaynta daawadan waa degdeg.

efficace *adjectif* Taabbagal ah. **Nous devons admettre que cette solution est la plus efficace.** Waa inaannu qirno in xalkani yahay kan ugu taabbagalsan (hirgali kara).

s'effondrer *verbe pronominal* Dun. **Le bâtiment est sur le point de s'effondrer.** Dhismuhu wuu soo dumi rabaa.

effort *nom masculin* Dadaal. **Elle fait un effort pour apprendre une nouvelle compétence.** Waxay samaynaysaa dadaal si ay u barato xirfad cusub.

effrayant, effrayante *adjectif* Cabsi leh. **C'est un voyage effrayant.** Waa safar cabsi leh.

égal, égale, égaux *adjectif* 1. Is le'eg. **Les deux candidats peuvent obtenir un nombre égal de voix.** Labada murrashax waxay heli karaan tiro codad ah oo is le'eg. 2. La mid ah (xisaab, lala isticmaalo *à*). **Huit est égal à cinq plus trois (8 = 5 + 3).** Siddeed waxay la mid tahay shan lagu daray seddex (8 = 5 + 3).

également *adverbe* Sidoo kale. **Nous allons également au marché.** Waxaannu sidoo kale tagaynaa suuqa.

égalité *nom féminin* 1. Sinnaan. **Égalité des chances.** U sinnaanta fursadaha. 2. Is le'ekaansho (xisaab). **L'égalité de deux nombres.** Is le'ekaanshaha labo tiro.

église *nom féminin* Kaniisad. **L'Église catholique.** Kaniisadda Katooligga.

électricité *nom féminin* Koronto. **L'électricité a été coupée.** Korontada waa la jaray.

élève *nom masculin et féminin* Arday. **Les élèves sont prêts pour l'examen scientifique.** Ardaydu waa u diyaar imtixaanka sayninka.

élevé, élevée *adjectif* 1. Sarree. **Le prix est très élevé.** Sicirku aad buu u sarreeyaa. 2. Sare (heer). **Une température élevée.** Heerkul sarreeya.

élever *verbe transitif* 1. Barbaari. **Ma grand-mère m'a élevé.** Ayeeyaday ayaa i barbaarisay. 2. Sare u qaad. **L'école vise à élever le niveau d'éducation des élèves.** Dugsigu wuxuu higsanayaa inuu sare u qaado heerka waxbarashada ee ardayda. 3. Dhaqo (xoolo). **Nous élevons du bétail.** Waxaannu dhaqannaa xoolo. 4. Dhis (taallo). **Le gouvernement a élevé un monument pour les pompiers.** Dowladdu waxay taallo u dhistay ciidanka dabdamiska.

elle *pronom personnel* 1. Way, waxay. **Elle lit un roman.** Waxay akhrinaysaa buug qiso ah. 2. Iyada (objet). **J'ai donné un stylo à elle.** Waxaan qalin siiyay iyada.

elles *pronom personnel féminin* Way, waxay. **Elles sont prêtes maintenant.** Iyagu waa diyaar hadda.

embrasser *verbe transitif* Dhunko, shumi. **Elle a embrassé sa mère sur les deux joues.** Waxay hooyadeed ka dhunkatay labada dhaban.

emmener *verbe transitif* 1. Gee (gaadiid). **Le bus vous emmènera à l'aéroport.** Basku wuxuu ku geyn doonaa gegida diyaaradaha. 2. Kexee. **Je vous emmène dîner au restaurant.** Waxaan qado kuugu kexeynayaa maqaayadda. 3. Sii qaado. **N'oublie pas d'emmener ton parapluie, il va pleuvoir.** Ha illoobin inaad dallad sii qaadatid, roob baa di'i doona.

empêcher *verbe transitif* 1. Ka hor istaag. **La grève vous empêche d'aller travailler.** Shaqo-ka-fariisiga ayaa kaa hor istaagaya inaad shaqada tagto. 2. Ka hortag (halis). **Elle porte un casque pour empêcher les blessures à la tête.** Waxay xirataa koofiyad adag si ay uga hortagto dhaawac madaxa ah.

emploi *nom masculin* 1. Shaqo. **Il cherche un emploi.** Wuxuu raadinayaa shaqo. 2. Isticmaal, isticmaalid. **Montrez-moi le mode d'emploi, s'il vous plaît.** Habka loo isticmaalo i tus, adigoo mahadsan. **La voiture réparée est prête à l'emploi.** Gaariga la dayactiray waa u diyaar isticmaalid. **Emploi du temps.** Jadwal.

emporter *verbe transitif* Hore u soo qaado. **Elle a emporté son livre préféré pour le lire dans le train.** Waxay hore u soo qaadatay buuggeeda ay ugu jeceshahay si ay tareenka ugu dhex akhrisato.

emprunter *verbe transitif* Amaaho, deynso. **Je veux emprunter de l'argent à mon frère.** Waxaan doonayaa inaan lacag ka amaahdo walaalkay.

en *préposition* 1. Ku. **Il est en prison.** Wuxuu ku jiraa xabsi. 2. Ku (dal). **Elle habite en France.** Waxay ku nooshahay Faransiiska. 3. U (dal). **Elle va en Italie.** Waxay u socotaa Talyaaniga. 4. Ku (gaadiid). **Je vais**

au marché en taxi. Waxaan suuqa ku tagayaa tagsi. 5. Gudahood (waqti). **En cinq jours.** Shan maalmood gudahood. 6. Ku (lala isticmaalo sifo *'adjectif'*). **Il est mauvais en mathématiques.** Wuu ku xun yahay xisaabta. 7. Jirran (lala isticmaalo *mauvaise santé.*) **Elle est en mauvaise santé.** Way jirran tahay. 8. In yar. **J'en veux.** In yar baan rabaa. 9. Waxaas. **J'en besoin.** Waan u baahanahay waxaas. **En général.** Guud ahaan.

enchanté, enchantée *adjectif* Ku faraxsan. **Je suis enchanté de vous rencontrer.** Waan ku faraxsanahay inaan kula kulmo.

encore *adverbe* 1. Wali. **Je n'a pas encore fini.** Maan dhammaynin wali. 2. Kale. **J'aimerais encore un peu de café, s'il vous plaît.** Waxaan jeclaan lahaa in kale oo qaxwe ah, adigoo mahadsan.

encourager *verbe transitif* Dhiirrigali. **Mon père m'encourage à faire mes devoirs.** Aabbahay wuxuu igu dhiirrigaliyaa inaan sameeyo shaqadayda guriga.

endommager *verbe transitif* Waxyeellee. **Le soleil peut-il endommager votre peau?** Miyay qorraxdu waxyeellayn kartaa maqaarkaaga?

endroit *nom masculin* Meel. **C'est un endroit très tranquille.** Waa meel aad u deggan.

enfance *nom féminin* Carruurnimo. **Elle a passé son enfance en Somalie.** Waxay carruurnimadeedii ku qaadatay Soomaaliya.

enfant *nom masculin/ nom féminin.* Ilmo. **L'enfant a soif.** Ilmuhu wuu oomman yahay.

enfin *adverbe* Ugu dambayntii. **Enfin, nous avons trouvé une solution à ce problème.** Ugu dambayntii, waxaannu xal u helnay dhibaatadan.

engager *verbe transitif* 1. Shaqaalaysii. **L'entreprise a engagé un nouveau directeur.** Shirkaddu waxay shaqaalaysiisay maareeye cusub. 2. U qalabqaado. **Il faut engager des réformes pour améliorer le système éducatif.** Waa inaannu u qalabqaadanno isbeddelo si aannu u sii hagaajinno nidaamka waxbarashada. 3. Ballanqaad. **Trois entreprises ont engagé à contribuer au fonds pour l'éducation.** Seddex shirkadood ayaa ballanqaaday inay wax ku biirinayaan sanduuqa waxbarashada.

enlever *verbe transitif* 1. Iska saar, iska bixi. **J'enlève mes chaussures lorsque j'entre dans la mosquée.** Waxaan iska bixiyaa kabaha marka aan galayo masaajidka. 2. Soo deji (sawir iwm). **Qui a enlevé la photo sur le mur?** Yaa soo dejiyay sawirka darbiga surnaa?

ennuyer *verbe transitif* 1. Caajisi **Ce film vous ennuie?** Miyuu filinkan ku caajisinayaa? 2. Ku dhib. **Sugulle ennuie son père avec de nombreuses questions.** Sugulle wuxuu aabbihiis ku dhibaa su'aalo badan. 3. Dhibso. **Ça m'ennuie de rester seul à la maison.** Waan dhibsadaa inaan keligay guriga joogo. **Si cela ne vous ennuie...** Haddii taasi aysan dhib kugu ahayn.

ennuyeux, ennuyeuse *adjectif* 1. La dhibsanayo. **C'est un incident ennuyeux.** Waa dhacdo la dhibsanayo. 2. Lagu caajisayo. **C'est très ennuyeux!** Aad baa loogu caajisayaa!

enquête *nom féminin* 1. Baaris. **Une enquête scientifique.** Baaris cilmiyeed. **Enquête judiciaire.** Baaris garsoor (ay maxkamaddu amartay). 2. Sahan (ra'yi). **Je lis le résultat d'une enquête sur la construction d'une nouvelle école dans notre voisinage.** Waxaan akhrinayaa natiijada sahan ku saabsan ka dhisidda dugsi xaafaddeenna.

enquêter *verbe transitif* Baar. **La police enquête sur le crime.** Booliska ayaa baaraya dambiga.

enregistrer *verbe transitif* Qoraalgali. **Un dictionnaire qui enregistre de nouveaux mots chaque année.** Qaamuus qoraal-galiya ereyada cuscusub sanad kasta.

enseignant, enseignante, *nom* Bare, macallin. **De nouveaux enseignants vont rejoindre l'école.** Barayaal cusub ayaa ku soo biiraya dugsiga.

enseigner *verbe transitif* Dhig (maaddo). **Il enseigne la science dans un lycée.** Wuxuu saynis ka dhigaa dugsi sare.

ensemble *adverbe* 1. Isla. **Nous avons déjeuné ensemble.** Waannu isla qadaynay. 2. Isku mar. **Ne parlez pas tous ensemble.** Ha hadlina dhammaantiin isku mar.

ensemble *nom masculin* Dhammaan. **L'ensemble des employés est en grève.** Shaqaalaha dhammaantood waxay ku jiraan shaqo-ka-fariisi.

ensuite *adverbe* Dabadeed, kaddib. **Ensuite, nous sommes allés manger au restaurant.** Dabadeed, waxaannu tagnay maqaayadda si aannu u soo cuntayno.

entasser *verbe transitif* Tuumi. **Les vêtements étaient entassés dans un coin de la pièce.** Dharka waxaa la tuumiyay qolka geeskiisa.

entendre *verbe transitif* Maqal. **Je ne t'entends pas.** Maan ku maqlayo.

entier, entière *adjectif* Dhan. **Elle a passé sa vie entière à Jowhar.** Waxay nolosheeda oo dhan ku qaadatay Jowhar.

entourer *verbe transitif* 1. Hareeree. **Les soldats ont entouré la prison.** Askartu waxay hareereeyeen xabsiga. 2. Wareegsan (lala isticmaalo *être*). **La ville est entourée de montagnes.** Magaalada waxaa ku wareegsan buuro.

entraîner *verbe transitif* Tababbar. **Qui entraîne l'équipe de football du district?** Yaa tababbara kooxda kubbadda cagta ee degmada?

s'entraîner *verbe pronominal* Tababbaro. **Je m'entraîne vendredi.** Waan tababbartaa Jimcaha.

entre *préposition* 1. Dhex. **Il y a une allée entre les deux maisons.** Luuq ayaa ku yaalla labada guri dhexdooda. 2. U dhexee (waqti). **Je vais te téléphoner entre midi et trois heures.** Waxaan ku soo wacayaa inta u dhexeysa duhurnimada iyo seddexda.

entrée *nom féminin* 1. Albaab. **L'entrée principale.** Albaabka weyn. 2. Galitaan (ruwaayad iwm). **L'entrée est gratuite.** Galitaanku waa lacag la'aan. 3. Cuntada kowaad (marka la cuntaynayo). **Qu'est-ce que tu prends comme entrée?** Maxaad cunaysaa cunto kowaad ahaan?

entreprise *nom féminin* Ganacsi. **Les petites et moyennes entreprises.** Ganacsiyada yaryar iyo kuwa heerka dhexe ah.

entrer *verbe intransitif* Gal (lala isticmaalo *dans*). **Je suis entré dan le garage.** Waxaan galay garaashka.

entrer *verbe transitif* Geli. **Je peux entrer des données dans un ordinateur.** Waan gelin karaa xog kombuyuutar.

enveloppe *nom féminin* Baqshad. **J'ai besoin d'une enveloppe pour envoyer cette lettre.** Waxaan u baahanahay baqshad si aan warqaddan u diro.

environ *adverbe* Meelahaas (tiro). **Le parc est entouré d'environ 200 arbres.** Beerta nasashada waxaa ku wareegsan 200 oo geed meelahaas.

environnement *nom masculin* Deegaan. **Protection de l'environnement.** Dhowrista deegaanka.

envoyer *transitif verbe* Dir. **Je vais envoyer des lettres à mes amis.** Waxaan warqado u dirayaa saaxiibbaday.

épais, épaisse *adjectif* Dhumuc-weyn. **Les murs sont très épais.** Darbiyadu aad ayay u dhumuc-weyn yihiin.

épater *verbe transitif* Ka yaabi. **Je veux épater mes amis avec ma nouvelle voiture.** Waxaan doonayaa inaan saaxiibbaday kaga yaabiyo gaarigayga cusub.

épaule *nom féminin* Garab. **Je me suis blessé à l'épaule en jouant au tennis.** Garabka ayuu wax iga gaaray anigoo teenis ciyaaraya (ayaan ka dhaawacmay).

épeler *verbe transitif* Higgaadi. **Pouvez-vous épeler votre nom, s'il vous plaît?** Miyaad higgaadin kartaa magacaaga, adigoo mahadsan?

épicerie *nom féminin* Khudradle. **Je vais à l'épicerie.** Waxaan u socdaa khudradlaha.

époque *nom féminin* 1. Waa (waqti). **L'époque moderne.** Waaga casriga ah. 2. Waqti. **À cette époque de l'année j'aime aller en France.** Waqtigan sanadka waxaan jeclahay inaan tago Faransiiska.

épouser *verbe transitif* Guurso. **Je veux épouser celui que j'aime.** Waxaan doonayaa inaan guursado tan aan jeclahay.

époux *nom masculin* 1. Nin (xaas leh). **La femme a dit: « Mon époux est un homme très gentil et attentionné. »** Afadu waxay tiri: "Ninkaygu aad ayuu u naxariis badan yahay oo fiiro leeyahay." 2. Lammaane (waa jamac markan '*pluriel'*) –nin iyo haweeney. **Les époux.** Lammaanaha.

épouse *nom féminin* Xaas (haweenay). **Sa épouse est infirmière.** Xaaskiisu waa kalkaaliso.

éprouver *verbe transitif* 1. Dareen. **J'éprouve de la joie.** Waxaan dareemayaa farxad. 2. La kulan (xaalad adag). **Jirde a éprouvé des**

difficultés. Jirde wuxuu la kulmay dhibaatooyin. 3. Tijaabi. **Je vais éprouver une nouvelle méthode de culture.** Waxaan tijaabinayaa hab cusub oo wax beeris ah.

épuisé, épuisée *adjectif* Daallan. **Après une longue journée de travail, je suis complètement épuisé.** Maalin dheer oo shaqo kaddib, waan wada daallanahay.

s'épuiser *verbe pronominal* 1. Idlow, dhammow (shidaal iwm). **Les réserves de carburant de la société sont épuisées.** Kaydka shidaalka ee shirkaddu wuu idlaaday. 2. Sii dabayar, gabaabsi ah. **La nourriture s'épuise chez nous.** Cuntadu waa gabaabsi gurigeenna.

équation *nom féminin* Is le'eg. **Je peux utiliser ma calculatrice pour résoudre cette équation.** Waan isticmaali karaa kalkuleetarkayga si aan u xalliyo is le'egtan.

équipe *nom féminin* Koox. **Une équipe d'enquêteurs va sur les lieux de l'accident.** Koox baarayaal ah ayaa tagaya goobta shilka.

erreur *nom féminin* 1. Qalad. **J'ai fait une erreur de multiplication.** Waxaan sameeyay qalad isku dhufashada ah. 2. Gef. **Il a commis une erreur.** Wuxuu sameeyay gef.

escalier *nom masculine* Jaranjaro (guriga ku taalla, mar kasta waa jamac: *escaliers*). **J'aime descendre**

les escaliers au lieu d'utiliser l'ascenseur. Waxaan jeclahay inaan jaranjarada ka soo dego meeshii aan wiishka isticmaali lahaa.

ascenseur *nom masculin* Wiish (la raaco). **L'ascenseur est en panne.** Wiishku wuu hallaysan yahay.

espèce *nom féminin* Nooc (lala isticmaalo *de*). **Il porte une espèce de chapeau de fourrure.** Wuxuu xirtaa nooc koofiyad dhogor ka samaysan.

espérer *verbe transitif* Rajee. **J'espère réussir.** Waxaan rajaynayaa inaan guuleysto.

espoir *nom masculin* Rajo. **Es-ce qu'il y a de l'espoir?** Miyay jirtaa rajo?

essayer *verbe transitif* 1. Isku day. **J'essaie de me lever tôt.** Waxaan isku dayaa inaan goor hore tooso. 2. Isku jimee, isku eeg (dhar). **J'ai essayé cette chemise.** Waan isku eegay shaatigan.

est *nom masculin invariable* Bari. **Elle vis dans l'est de la France.** Waxay ku nooshahay bariga Faransiiska.

estival, estivale, estivaux *adjectif* Xagaa. **Les jardins estivaux sont remplis de fleurs colorées.** Beeraha xagaaga waxaa ka buuxa ubaxyo midabbo badan leh.

et *conjonction* 1. Iyo. **Asli et Maryan sont là.** Asli iyo Maryan halkaas bay joogaan. 2. Oo. **Il lit des romans**

et écrit des nouvelles. Wuxuu akhriyaa qisooyin oo qoraa sheekooyin gaagaaban.

étage *nom masculin* Dabaq. **J'habite au premier étage.** Waxaan dgganahay dabaqa kowaad.

état *nom masculin* Xaalad, xaalka wax uu ku sugan yahay. **La voiture est en mauvais état.** Gaariga xaalkiisu ma fiicna.

eteindre *verbe transitif* Dami. **N'oublie pas d'éteindre les lumières en partant.** Ha illoobin inaad damiso nalalka marka aad baxayso.

éternuer *verbe intransitif* Hindhis. **J'éternue quand je m'assois près d'une table poussiéreuse.** Waan hindhisaa markaan ag fadhiisto miis bus badan (boor leh).

étoile *nom féminin* Xiddig. **L'étoile du soir.** Xiddigta maqribka.

étonner *verbe transitif* Ka yaabi. **Ton manque d'intérêt pour les sciences m'étonne.** Xiiseyn la'aantaada sayniska ayaa iga yaabisa.

s'étonner *verbe pronominal* La yaab, la yaabban. **On s'étonne de la rapidité avec laquelle la nouvelle s'est répandue.** Waxaa lala yaabban yahay sida degdegga ah oo uu warku u fiday.

étrange *adjectif* Yaab leh. **Une chose étrange.** Wax yaab leh.

étranger *nom masculin* Dibedda (dal). **Ma sœur n'a jamais été à**

l'étranger. Walaashay weligeed may aadin dibedda.

étranger, étrangère *adjectif* 1. Qalaad (af). **Une langue étrangère.** Af qalaad. 2. Dibedda (siyaasad). **La politique étrangère.** Siyaasadda dibedda.

être *verbe intransitif* 1. Ah. **Elle est médecin.** Waxay tahay dhakhtarad. 2. Joog. **Muumin est dans sa chambre.** Muumin wuxuu joogaa qolkiisa. 3. Ku jir. (lala isticmaalo *dans*). **La clé de la voiture est dans ma poche.** Furaha gaarigu wuxuu ku jiraa jeebkayga.

étroit, étroite *adjectif* Dhuuban (cabbir). **Le passage entre les deux immeubles est très étroit.** Marinka u dhexeeya labada dhisme aad ayuu u dhuuban yahay.

étudiant, étudiante *nom* Arday, ardayad. **C'est une bonne étudiante.** Waa ardayad wanaagsan.

étudier *verbe transitif* 1. Baro (maaddo). **J'étudie le français depuis deux ans.** Waxaan Faransiis baranayaa laba sano. 2. Dhuux, si fiican u fahan (qoraal, tusaale ahaan). **Vous devriez étudier ces documents attentivement avant de prendre une décision.** Waa inaad qoraalladan si taxaddar leh u dhuuxdo inta aadan go'aan qaadanin. 3. U kuurgal, daras. **Les chercheurs étudient l'impact des nouvelles technologies sur la**

société. Cilmibaarayaashu waxay u kuurgalayaan saamaynta ay teknoolojiyadaha cusub ku leeyihiin bulshada.

euro *nom masculin* Yuuro (lacagta ay isticmaalaan ilaa hadda 19 dal oo ka tirsan Midowga Yurub). **Pouvez-vous me prêter deux euros?** Miyaad i amaahin kartaa laba Yuuro?

Europe *nom féminin* Yurub. **L'Europe est un continent très diversifié.** Yurub waa qaarad aad u kala duduwan.

eux *pronom (objet)* Iyaga. **Je vais au cinéma avec eux.** Waxaan shineemada la tagayaa iyaga.

s'évader *verbe intransitif* Baxso. **Le voleur s'est évadé de la prison.** Tuuggu wuxuu ka baxsday xabsiga.

éveiller *verbe transitif* 1. Kici (hurdada). **J'ai été éveillé par le bruit du klaxon.** Waxaa i kiciyay qaylada hoonka 2. Ku abuur (dareen). **La musique éveille des sentiments de joie en moi.** Muusiggu wuxuu igu abuuraa dareen farxad ah.

événement *nom masculin* Dhacdo. **Un heureux évènement.** Dhacdo farxad leh.

éviter *verbe transitif* 1. Iska dhowr (qof). **Elle m'évite.** Way iska kay dhowrtaa. 2. Iska dhowr (meel). **Je prends une autre route pour le travail pour éviter les embouteillages.**

Waxaan shaqada u maraa waddo kale si aan iskaga dhowro saxmadda baabuurta (baabuurta jidka ku badan). 3. Ka badbaad. **Il a évité de peu l'accident.** Si dirqi ah ayuu shilka kaga badbaaday.

exactement *adverbe* Isla. **C'est exactement ce qu'elle a dit.** Waa isla waxa ay tiri.

examen *nom masculin* 1. Imtixaan. **Je vais passer l'examen de français lundi matin.** Waxaan galayaa imtixaanka Faransiiska subaxnimada Isniinta. 2. Baaris (caafimaad). **Un examen médical.** Baaris caafimaad.

examiner *verbe transitif* 1. Baar (caafimaad). **Le médecin examine le patient.** Dhakhtarku wuu baarayaa bukaanka. 2.Eeg (goob). **La police examine le lieu du crime.** Booliska ayaa eegaya goobta dambiga.

excepté *préposition* Marka laga reebo. **Tous les enfants étaient attentifs, excepté Rooble qui semblait distraite.** Carruurta oo dhami way feejignaayeen marka laga reebo Rooble oo uu muuqday inuu wax kale ku sii jeeday.

excuser *verbe transitif* 1. Raalligeli. **Excusez-moi de mon retard.** Waan kaa raalligelinayaa soo daahistayda. 2. U cudurdaar. **Personne ne peut excuser sa conduite.** Qofna uma cudurdaari karo dhaqankiisa.

s'excuser *verbe pronominal* Raalli-gelin bixi/sii. **Je me suis excusé auprès de mon père.** Waxaan raalligelin siiyay aabbahay. **Elle s'est excusée de son retard.** Waxay raalligelin ka bixisay soo daahisteeda.

exemple *nom masculin* 1. Tusaale. **C'est un bon exemple de protection de l'environnement.** Waa tusaale wanaagsan oo ku saabsan ilaalinta deegaanka. 2. Lala isticmaalo *par*. **Par exemple.** Tusaale ahaan.

exiger *verbe transitif* 1. U baahan (dadaal) . **Cette tâche exige beaucoup d'efforts et de temps.** Hawshan waxay u baahan tahay dadaal badan iyo waqti badan. 2. Dalbo. **Le client exigeait un remboursement pour le produit défectueux.** Macmiilku wuxuu dalbaday lacag-u- soo-celin alaabta cilladaysan awgeed.

exister *verbe intransitif* Jir. **Des opportunités d'emploi existent dans les hôpitaux.** Fursado shaqo ayaa ka jira cisbitaallada.

expérimenté, expérimentée *adjectif* Waaya-arag ah. **C'est un homme expérimenté.** Waa nin waaya-arag ah.

expert *nom masculin* Khabiir. **L'expert conseille le gouvernement sur les questions économiques.** Khabiirku wuxuu dowladda kala taliyaa arrimmaha dhaqaalaha.

expert, experte *adjectif* Xeeldheer. **Je ne suis pas expert en économie.** Maan ku xeeldheeri dhaqaalaha.

expliquer *verbe transitif* Sharrax. **Je vais t'expliquer comment faire du pain.** Waxaan kuu sharxayaa sida loo sameeyo rooti.

exposition *nom féminin* Bandhig. **Je vais à une exposition de peintures ce soir.** Waxaan caawa tagayaa bandhig sawir gacmeed.

exprimer *verbe transitif* 1. Soo gudbi, cabbir (ra'yi). **Elle peut exprimer son opinion**. Way soo gudbin kartaa ra'yigeeda. 2. Muuji (dareen iwm). **Le directeur du bureau a exprimé des préoccupations au sujet du personnel qui est en retard au travail.** Maamulaha xafiisku wuxuu walaac ka muujiyay shaqaalaha shaqada ka soo daaha.

extérieur *nom masculin* 1. Bannaanka. **Il fait trop froid à l'extérieur, je vais rester à l'intérieur**. Bannaanku aad buu u qabow yahay, gudaha ayaan joogayaa. 2. Dibedda. **Les toilettes sont à l'extérieur.** Musquluhu dibedda ayay ku yaallaan.

extraordinaire *adjectif* Aan caadi ahayn. **Des pouvoirs extraordinaires.** Awoodo aan caadi ahayn.

F

face *nom féminin* 1. Waji (wax). **La face du bâtiment.** Wajiga dhismaha. 2. Ka soo horjeed (meel, lala isticmaalo *en...de*). **La pharmacie est en face du magasin.** Farmashiyuhu wuxuu ka soo horjeedaa dukaanka.

fâché, fâchée *adjectif* Caraysan. **Je ne suis pas fâché contre toi.** Maan kuu caraysni.

se fâcher *verbe pronominal* Caraysan. **Ils se sont fâchés après une dispute sur l'argent.** Way caraysan yihiin kaddib muran ku saabsan lacag.

facile *adjectif* Fudud. **La leçon est facile.** Casharku wuu fudud yahay.

façon *nom féminin* Hab. **La meilleure façon de cuire du riz.** Habka ugu fiican oo bariis loo kariyo.

facteur *nom masculin* Boostaale (qaybiya warqadaha la soo diray). **Le facteur a apporté le courrier.** Boostaaluhu wuxuu keenay warqadaha.

faible *adjectif* 1. Tabardaran. **Je suis un peu faible aujourd'hui, je vais me reposer.** Waan tabardarnahay maanta in yar, waan nasanayaa. 2. Hoosee (fursad). **Les chances de gagner à la loterie sont très faibles.** Fursadaha loogu guuleysto baqtiyaanasiib aad bay u hooseeyaan.

faim *nom féminin* 1. Gaajaysan (lala isticmaalo *avoir*) **J'ai faim.** Waan gaajaysanahay. 2. Baahi, gaajo. **Un bol de riz ne suffit pas à satisfaire**

ma faim. Baaquli bariis ah kuma filna inuu haqabtiro gaajadayda.

faire *verbe transitif* 1. Samee. **Que faites-vous?** Maxaad samaynaysaa? 2. Shaqee. **Que faites-vous dans la vie?** Maxaad ka shaqaysaa? 3. Loo isticmaalo marka waqti la sheegayo ama cimilada laga hadlayo. **Il fait nuit.** Waa habeen. **Il fait beau.** Hawadu way fiican tahay. **Il fait chaud.** Kulayl ayaa jira. **Il fait froid.** Qabow ayaa jira. 4. Loo isticmaalo marka tiro la isku daro ama la kala gooyo. **Trois plus deux font cinq.** Seddex lagu daray laba waxay la mid tahay shan.

fait *nom masculin* 1. Dhab (xaqiiqo). **Ce fait est important à noter.** Waa xaqiiqo muhiim ah in la ogaado. 2. In (lala isticmaalo *que).* **Le fait que vous soyez ici aujourd'hui me rend très heureux.** Inaad halkan joogtid maanta ayaa aad ii farxad-galinaysa.

falloir *verbe impersonnel* Waa in... (lala isticmaalo *que).* **Il faut que je parte.** Waa inaan baxo.

fameux, fameuse *adjectif* Caan ah. **Le fameux restaurant est situé dans le centre-ville.** Maqaayadda caanka ah waxay ku taallaa bartamaha magaalada.

famille *nom féminin* 1. Qoys. **Une famille de cinq personnes.** Qoys ka kooban shan qof. 2. Qaraabo. **Elle a de la famille à Baydhabo.** Waxay qaraabo ku leedahay Baydhabo.

fatigue *nom féminin* Daal. **Je dois endurer la fatigue du voyage.** Waa inaan u adkaysto daalka safarka.

fatigué, fatiguée *adjectif* Daallan. **Je suis très fatigué.** Aad baan u daallanahay.

faute *nom féminin* Qalad. **C'est de ma faute si elle a manqué le bus de sept heures.** Waa qaladkayga inay seegtay baskii toddobada.

faux, fausse *adjectif* 1. Been. **Ce n'est pas vrai, c'est faux!** Run ma aha, waa been! 2. Beenabuur. **Comment savoir si un tableau est faux?** Sidee loo ogaadaa in sawir gacmeed yahay beenabuur? 3. Qaldan (xog). **Est-ce que le résultat est faux?** Miyay natiijadu qaldan tahay? 4. Beenbeen ah. **Il a une fausse barbe.** Wuxuu leeyahay gar beenbeen ah.

favori, favorite *adjectif* Ugu jecel (wax/meel). **Kismaayo est ma ville favorite.** Kismaayo waa magaalada aan ugu jeclahay.

favoriser *verbe transitif* 1. Jecel, jeclaan lahaa. **Le parti favorise un candidat qui vit dans le quartier pour contester le siège.** Xisbigu wuxuu jeclaan lahaa in tartame ku nool xaafadda uu u tartamo kursiga. 2. Kaab. **Ils soutiennent des mesures favorisant l'investissement dans l'éducation.** Waxay taageerayaan tallaabooyin kaabaya maalgelinta waxbarashada.

féliciter *verbe transitif* U hambalyee. **Le président a félicité les équipes pour leur victoire.** Madaxweynuhu wuxuu kooxaha ugu hambalyeeyey guushooda.

féminin, féminine *adjectif* Dheddigeed (dheddig ah); haween. **Vêtements féminins.** Dharka haweenka.

femme *nom feminin* Afo, xaas. **Elle est la femme du directeur.** Iyadu waa afada maareeyaha.

fenêtre *nom féminin* Dariishad. **La fenêtre est ouverte.** Dariishaddu way furan tahay.

fermé, fermée *adjectif* Xiran. **La pharmacie est fermée.** Farmashiyuhu wuu xiran yahay.

fermer *verbe transitif* 1. Xir. **N'oublie pas de fermer la fenêtre.** Ha illoobin inaad dariishadda xirto. 2. Isku qabo (indhaha ama hal gacan,lala isticmaalo *les yeux*). **Fermer les yeux.** Indhaha isku qabo.

fermier *nom masculin* Nin beeraley ah. **Le fermier a un chien de garde qui surveillait la propriété la nuit.** Ninka beeraleyda ah wuxuu leeyahay ey ilaalo ah oo guriga ilaaliya habeenkii.

fête *nom féminin* Xaflad. **Qui invitez-vous à la fête?** Yaad ku martiqaadaysaa xafladda?

feu *nom masculin* 1. Dab. **Je vais allumer un feu dans la cheminée**

pour me réchauffer. Waxaan dab ku shidayaa dabshidaha si aan isu diiriyo 2. Nal. **Un feu rouge.** Nal cas (oo haga gaadiidka). 3. Wax shoolad ama sigaar lagu shido. **Avez-vous du feu?** Miyaad haysataa wax dabka lagu shido? **Au feu!** Waa dab! (halis).

feuille *nom féminin* Caleen. **Je ramasse des feuilles sur le sol.** Waxaan gurayaa caleemo dhulka daadsan.

février *nom masculin* Febraayo. **Février est un mois court, mais il peut être très froid.** Febraayo waa bil gaaban, laakiin waxay ahaan kartaa mid aad u qabow.

fil *nom masculin* Dun. **Je veux du fil pour coudre ces deux morceaux de tissu ensemble.** Waxaan rabaa dun si aan labadan gabal oo marada ah aan iskugu tolo.

fille *nom féminin* Gabar. **C'est sa fille aînée.** Waa gabartiisa ugu weyn.

film *nom masculin* Filin. **J'ai vu un film hier soir.** Waxaan xalay daawaday filin.

fils *nom masculin* Wiil (la dhalay). **Elle a deux fils.** Waxay dhashay labo wiil.

fin *nom féminin* Dhammaad. **J'ai attendu jusqu'à la fin du film pour découvrir le dénouement.** Waan sugay ilaa dhammaadka filinka si aan u ogaado gabagabada.

finir *verbe transitif* Dhammee. **Elle vient de finir ce livre.** Hadda ayay dhammaysay buuggan.

finir *verbe intransitif* 1. Dhammow. **La réunion a fini rapidement.** Wuxuu shirku u dhammaaday si degdeg ah. 2. Ku dhammow (lala isticmaalo *à*). **Est-ce que la route finit au pont?** Miyuu jidku ku dhammaadaa buundada?

finir *verbe transitif* Dhammee. **Il faut finir ce travail avant la fin de la semaine.** Waa in shaqada la dhammeeyo ka hor dhammaadka toddobaadka.

fleur *nom féminin* Ubax. **J'ai acheté une belle fleur pour ma femme.** Waxaan ubax qurux-badan u soo iibiyay xaaskayga.

fleuriste *nom masculin* Ubax-iibiye. **Le fleuriste est à côté de la pharmacie.** Ubax-iibiyuhu wuxuu ku xigaa farmashiyaha.

fleuve *nom féminin* Wabi. **La fleuve est large de cent mètres.** Wabiga ballaciisu waa 100 mitir.

fois *nom féminin* Jeer, mar. **Prendre le médicament trois fois par jour.** Qaado daawada seddex jeer maalintii.

fonctionner *verbe intransitif* Shaqee (wax). **La voiture de mon père est très vieille mais elle fonctionne toujours bien.** Gaariga aabbahay aad buu u da' weyn yahay laakiin aad buu u shaqeeyaa. **La machine ne fonctionne pas.** Mishiinku ma shaqaynayo.

fond *nom masculin* Sal. **Le trésor est caché au fond de la grotte.** Qasnaddu waxay ku aasan tahay salka godka. 2 Gadaal. **Il est assis au fond de la classe.** Wuxuu fadhiyaa gadaal fasalka. 3. Nuxur. **Je ne connais pas le fond de cette affaire.** Maan aqaan nuxurka arrintan.

force *nom féminin* 1. Xoog. **Je dois renforcer ma force.** Waa inaan xooggayga dhiso. 2. Awood. **La force du courant peut affecter la natation.** Awoodda hirku way saamayn kartaa dabaasha.

forêt *nom féminin* Kayn, duur. **Une forêt est près de notre quartier.** Kayn ayaa u dhow xaafaddeenna.

forme *nom féminin* 1. Qaab. **La forme de ce vase est très belle.** Qaabka weelkan aad buu u qurux badan yahay. 2. Jirdhis. **Je vais à la gym pour retrouver la forme.** Waxaan tagaa goobta jirdhiska si jirkaygu u dhismo. 3. Xaalad (nafsi). **Elle est dans une bonne forme d'esprit.** Xaaladdeeda nafsigu way fiican tahay (tusaale, ma murugeysna/ma xanaaqsana).

formulaire *nom masculin* Foom. **Veuillez remplir ce formulaire.** Adigoo mahadsan buuxi foomkan.

fort, forte *adjectif* Xoog-badan. **C'est une femme forte.** Waa haweeney xoog-badan.

fourchette *nom féminin* Fargeeto. **Pourquoi les gens utilisent-ils une fourchette pour manger des pâtes?** Maxay dadku u isticmaalaan fargeeto si ay u cunaan baasto?

fournir *verbe transitif* 1. Sii (xog/ buugag iwm). **Le professeur a fourni des livres aux étudiants**. Baruhu wuxuu ardayda siiyay buugag. 2. Bixi (adeeg). **L'entreprise fournit services de maintenance du logement.** Shirkaddu waxay bixisaa adeegyo dayactir guryaha.

frais *nom masculin pluriel* Qarash. **Le frais du ménage.** Qarashka nadiifinta.

frais, fraiche *Adjectif* 1. Daray. **Des fruits frais**. Miro daray ah (dhowaan la soo gooyay). 2. Cusub (rooti/ukun iwm). **Ce pain est frais.** Rootigani wuu cusub yahay. 3. Qabow. **Des boissons fraîches.** Cabitaan qabow.

français *nom masculin* Faransiis (afka). **J'apprends le français depuis trois ans.** Waxaan baranayaa Faransiis seddex sano.

français, française *adjectif* Faransiis, Faransiisad. **Elle est française.** Iyadu waa Faransiisad.

frapper *verbe transitif* 1. Garaac. **Qui frappe à la porte?** Yaa albaabka

garaacaya? 2. Wax ku dhufo. **Le gardien a frappé le voleur sur la tête.** Ilaaliyuhu wuxuu tuuga wax kaga dhuftay madaxa.

frère *nom masculin* Walaalka. **Est-ce que ton frère est là?** Miyuu walaalkaa joogaa halkaas?

frite *nom féminin* Baradho shiilan (had iyo jeer jamac). **Le garçon mange des frites.** Wiilku wuxuu cunayaa baradho shiilan.

froid, froide *adjectif* Qabow. **Une boisson froide.** Cabitaan qabow.

fromage *nom masculin* Farmaajo. **J'adore le fromage français.** Waan jeclahay farmaajada Faransiiska.

fruit *nom masculin* Miro. **Quel est ton fruit préféré?** Waa maxay miraha aad ugu jeceshahay?

fumée *nom féminin* Qiiq. **La fumée des usines.** Qiiqa warshadaha.

G

gagner *verbe intransitif* Guuleyso. **Tu as gagné.** Waad guuleysatay.

gagner *verbe transitif* Ku guuleyso. **Quel club peut gagner le tournoi?** Naadigee horyaalka ku guuleysan kara?

gant *nom masculin* Gacmo-gashi la xirto marka qabow ba'an uu jiro. **J'ai une paire de gants.** Waxaan leeyahay hal joog oo gacmo-gashi ah.

garçon *nom masculin* 1. Wiil. **A petit garçon.** Wiil yar. **Est-que les filles et les garçons vont dans les mêmes écoles?** Miyay gabdhaha iyo wiilashu dhigtaan (tagaan) isku dugsi? 2. Wiil adeege ka ah makhaayad (aad looma isticmaalo ereygan hadda).

garder *verbe transitif* 1. Hayso, meel dhigo. **Gardez-vous toutes vos lettres?** Miyaad meel dhigataa warqadahaaga oo dhan? 2. Hay (carruur). **Elle garde des enfants.** Carruur ayay haysaa (daryeeshaa). 3. Ilaali. **Un chien garde la maison de Robert.** Ey ayaa ilaaliya guriga Robert.

gardien *nom masculin* Ilaaliye. **Il est gardien de prison.** Isagu waa ilaaliye xabsi.

gare *nom féminin* Saldhig Tareen. **Où est la gare?** Waa halkee saldhigga tareenku?

garer *verbe transitif* Dhigo (gaari meel). **J'ai garé dans la rue car il n'y avait pas de place de parking disponible.** Waxaan gaariga dhigtay waddada waayo meel gaari la dhigto lama heli karin.

se garer *verbe pronominal* Dhigo, dhig (gaari). **Puis-je me garer ici?** Miyaan halkan dhigan karaa?

gauche *nom féminin* Bidix. 1. **La main gauche.** Gacanta bidix. **à gauche:** bidixda. **Il vous faut tourner à gauche après l'école.** Waa inaad u leexato bidix dugsiga kaddib.

geindre *verbe intransitif* Taah. **Le patient a gémi de douleur.** Bukaanku wuu taahay xanuun awgiis.

général, générale, généraux *adjectif* Guud. **La générale situation.** Xaaladda guud.

genou *nom masculin* Jilib. **Le genou gauche.** Jilibka bidix.

gens *nom masculin pluriel* Dad. **La rue est pleine de gens.** Waddada waxaa ka buuxa dad.

gentil, gentille *adjectif* Wanaagsan (dhaqan ahaan). **Mes voisins sont très gentils.** Dariskaygu aad bay u wanaagsan yihiin.

gérer *verbe transitif* Maamul. **Elle gère la maison.** Waxay maamushaa guriga.

glace *nom féminin* 1. Jallaato. **J'ai mangé une glace.** Waxaan cunay jallaato. 2. Baraf. **Est-ce que la glace est un symbole de la saison hivernale?** Miyuu barafku yahay calaamad qaboobaha (jiilaalka)?

glisser *verbe intransitif* Kuf. **J'ai glissé et je suis tombé sur la main.** Waan kufay oo gacanta ayaan u dhacay.

goût *nom masculin* Dhadhan. **Le goût de cette soupe ne plaît pas à tout le monde.** Dhadhanka maraqani muu cajabinayo qof kasta.

goûter *verbe transitif* Dhadhami. **Je peux goûter ce gâteau?** Miyaan dhadhamin karaa doolshahan?

grammaire *nom féminin* Naxwe. **La différence entre la grammaire française et la grammaire somalienne.** Faraqa u dhexeeya naxwaha Faransiiska iyo naxwaha Soomaaliga.

grand, grande *adjectif* 1. Weyn. **Une grande maison.** Guri weyn. 2. Ka weyn (da'). **Son grand frère.** Walaalkiis ka weyn. 3. Dheer. **Il est grand.** Wuu dheer yahay. 4. Weyn (sumcad ama awood). **Un grand homme.** Nin weyn. 5. Weyn (saaxiibtinimo). **C'est une grande amie à moi.** Waa saaxiibadday weyn.

grandir *verbe intransitif* 1. Weynow. **Mon fils grandit très vite.** Wiilkaygu si degdeg ah ayuu u weynaanayaa. 2. Bax (geed). **Cet arbre a grandi.** Geedkani wuu baxay.

grand-mère *nom féminin* Ayeeyo. **Je vais chez ma grand-mère.** Waxaan tagayaa guriga ayeeyaday.

grand-père *nom masculin* Awoowe. **Mon grand-père est à la maison.** Awoowgay wuxuu joogaa guriga.

gratuit, gratuite *adjectif* Lacag la'aan. **L'admission est-elle gratuite?** Gelitaanku ma lacag la'aan baa?

grave *adjectif* 1. Weyn (gef). **C'est une faute grave.** Waa gef weyn. 2. Daran. **La situation est grave.** Xaaladdu way daran tahay. 3. Dhab (xaalad taagan). **C'est grave.** Waa dhab.

gravir *verbe transitif* Kor. **Ils ont gravit la montagne en une journée.** Waxay buurta ku koreen maalin gudaheed.

grimper *verbe transitif* Kor (geed). **Les enfants aiment grimper aux arbres pour jouer.** Carruurtu waxay jecel yihiin inay koraan geedaha si ay u ciyaaraan.

gros, grosse *adjectif* 1. Weyn. **C'est un gros chien.** Waa ey weyn. 2. Buuran. **Qui est gros?** Yaa buuran?

grossir *verbe intransitif* Naax, cayil. **Si tu continues à manger autant, tu vas grossir rapidement.** Haddii aad sii waddo inaad cunto aad u badan cunto, degdeg baad u naaxaysaa.

groupe *nom masculin* Koox. **Elle va rencontrer un groupe d'amis pour le déjeuner plus tard.** Waxay hadhow la kulmaysaa koox saaxiibbo ah qado awgeed.

guerre *nom féminin* Dagaal. **La guerre a causé beaucoup de souffrances.** Dagaalku wuxuu sababay tabaale (dhibaato) badan.

guide *nom masculin* Hage (tusaale, qof haga matxaf booqdayaasha). **Le guide du musée.** Hagaha matxafka.

guitare *nom féminin* Kitaar. **Il est doué pour jouer de la guitare.** Wuxuu hibo u leeyahay inuu tumo kitaarka.

H

s'habiller *verbe pronominal* Labbiso. **Je m'habille.** Waan labbisanayaa.

habiter *verbe intransitif* Ku nool, deggan (meel). **Il habite à Londres.** Wuxuu deggan yahay London.

habitude *nom féminin* 1. Caado. **C'est une habitude chez moi de lire avant de dormir.** Waa ii caado guriga inaan wax akhriyo hurdada ka hor. 2. Sida caadiga ah (lala isticmaalo *avoir l'*). **Il a l'habitude se coucher tôt.** Sida caadiga ah wuxuu seexdaa goor hore. 3. Caadooyin (had iyo jeer jamac: *habitudes*). **Les habitudes du pays.** Caadooyinka dalka.

haine *féminin* Nacayb. **La haine est un mal qui doit être éradiqué.** Nacaybku waa xume ay tahay in la ciribtiro.

haut, haute *adjectif* 1. Sare, aad u sarree. **La pièce a un haut plafond.** Qolku wuxuu leeyahay saqaf aad u sarreeya. 2. Sare (waxbarasho). **Des études de haut niveau.** Tacliin sare.

hebdomadaire *adjectif* Toddobaadle. **Le Point est un magazine hebdomadaire.** Le Point waa majallad toddobaadle ah.

herbe *nom féminin* Caws. **L'herbe est verte et fraîche après la pluie.** Cawsku waa cagaar oo waa daray roobka kaddib.

hésiter *verbe intransitif* Labalabee, go'aan qaadan waa. **Si j'ai la chance d'acheter une voiture bon marché, je n'aime pas hésiter.** Haddii aan haysto fursad aan gaari sicir jaban ku iibsado, ma jecli inaan labalabeeyo.

heure *nom féminin* Saac. **Quelle heure est-il? Il est une heure.** Waa immisa saac? Waa kowdii. **De bonne heure.** Goor hore

heureusement *adverbe* Nasiibwanaag. **Heureusement, j'ai retrouvé mes clés.** Nasiibwanaag, waxaan helay furayaashayda.

heureux, heureuse *adjectif* Faraxsan. **Je suis très heureux.** Aad baan u faraxsanahay.

hier *adverbe* Shalay. **Hier, j'ai rencontré une amie que je n'avais pas vu depuis des années.** Shalay waxaan la kulmay saaxiib aanan arkin sanado. **Le journal d'hier.** Wargeyskii shalay.

histoire *nom féminin* 1. Sheeko. **La mère raconte à son fils une histoire**

très intéressante. Hooyadu waxay wiilkeeda u sheegaysaa sheeko xiiso leh. 2. Taariikh. **J'aime étudier l'histoire ancienne.** Waxaan jeclahay barashada taariikhdii hore.

hiver *nom masculin* Jiilaal (qaboobe). **Il fait très froid en hiver.** Jiilaalku aad ayuu u qabow yahay.

homme *nom masculin* Nin. **Un homme frappe à la porte.** Nin baa albaabka garaacaya.

honnête *adjectif* Daacad (la aamini karo). **Un commerçant honnête.** Ganacsade daacad ah.

honnêteté *nom masculin* Daacadnimo. **Ton honnêteté n'est pas en cause.** Daacadnimadaadu su'aal kuma jirto.

honte *nom féminin* 1. Ceeb. **C'est une honte!** Waa ceeb! 2. Isku xishood (lala isticmaalo *devoir* iyo *avoir*). **Tu devrais avoir honte!** Isku xishood!

hôpital *nom masculin* Cisbitaal. **Il y a un hôpital près de chez moi.** Cisbitaal ayaa u dhow gurigayga. **Quand sera-t-il capable de quitter l'hôpital?** Goorma ayuu cisbitaalka ka soo bixi kari doonaa?

horaire *nom masculin* Jadwal (gaadiid). **Je voudrais un horaire.** Waxaan jeclaan lahaa jadwal (safarrada).

horloge *nom féminin* Saacad (meel la suro ama la dhigo). **L'horloge**

dans le salon a besoin de nouvelles **piles.** Saacadda taalla qolka fadhiga waxay u baahan tahay batariyo cusub.

hors *préposition* 1. Bannaanka. **Je suis hors de la maison.** Waxaan joogaa bannaanka guriga. 2. ka baxsan (meel). **Elle possède une maison hors de la ville.** Waxay leedahay guri magaalada ka baxsan.

hôtel *nom masculin* Hoteel. **Nous avons réservé une chambre d'hôtel pour nos vacances.** Waxaannu qol ka qabsannay hoteel fasaxeenna awgiis.

huile *nom féminin* Saliid (cuntada). **J'utilise de l'huile d'olive pour cuisiner.** Waxaan saliid saytuun u isticmaalaa inaan wax kariyo.

humain *nom masculin* Aadami. **L'humain est capable de faire des choses incroyables.** Aadamigu wuxuu karti u leeyahay inuu sameeyo waxyaabo aan la rumaysan karin.

humide *adjectif* 1. Qoyan in yar. **Le tissu est encore humide.** Maradu way yara qoyan tahay. 2. Huur. **Ma ville est très humide en juillet.** Magaaladaydu aad ayay u huur-badan tahay Luulyo.

hyène *nom féminin* Waraabe. **Une hyène mange de la viande de chèvre.** Waraabe wuxuu cunayaa hilibka ri'.

I

ici *adverbe* Halkan. **Venez ici.** Halkan imow.

idée *nom féminin* Fikrad. **J'ai une idée pour notre prochain projet.** Waxaan hayaa fikrad ku saabsan mashruuceenna dambe.

identité *nom féminin* 1. Hayb. **Ma identité nationale.** Haybtayda qaran (qaranka aan u dhashay). 2. Aqoonsi (qof). **As-tu une pièce d'identité?** Miyaad warqad aqoonsi leedahay?

île *nom masculin* Jasiirad. **Les habitants de l'île.** Dadka ku nool jasiiradda.

ils *pronom personnel masculin* Iyaga/ bay/ayay. **Où habitent-ils?** Halkee ayay ku nool yihiin?

image *nom féminin* Muuqaal. **L'image et le son.** Muuqaalka iyo dhawaaqa.

immeuble *nom masculin* Dhisme. **Un immeuble de quarante étages.** Dhisme ka kooban afartan dabaq.

immigré, immigrée *nom masculin, féminin* Muhaajir. **L'immigrant apprend le français.** Muhaajirku Faransiis ayuu baranayaa.

imperméable *nom masculin* Jaakadda roobka (laga gashado). **Avez-vous un imperméable supplémentaire?** Miyaad leedahay jaakadda roobka oo dheeri ah?

important, importante *adjectif* Muhiim. **L'éducation est une chose importante.** Waxbarashadu waa wax muhiim ah.

importer *verbe transitif* 1. Soo dhoofi (ganacsi). **Ce pays importe beaucoup de produits alimentaires de l'étranger.** Dalkan wuxuu cunto badan ka soo dhoofiyaa dibedda. 2. Muhiim ah. **Ce qui importe, c'est la qualité, pas le prix.** Waxa muhiimka ah waa tayada, ma aha sicirka.

impossible *adjectif* Aan suurtaggal ahayn. **Ce problème est impossible à résoudre.** Suurtaggal ma aha in dhibaatadan la xalliyo.

inacceptable *adjectif* Aan la aqbali karin. **Un tel comportement est inacceptable à l'école.** Dabeecad sidan ah lama aqbali karo dugsiga dhexdiisa.

inattendu, inattendue *adjectif* Lama-filaan ah. **Une rencontre inattendue.** Kulan lama-filaan ah.

inclure *verbe transitif* 1. Ku jir, la socda. **Le rapport inclut une analyse des données.** Warbixinta waxaa ku jirta gorfeyn xogaha ah. 2. Ku dar. **Veuillez inclure votre nom et adresse sur le formulaire.** Adigoo mahadsan ku dar magacaaga iyo cinwaankaaga foomka.

inconfortable *adjectif* Raaxo-daran. **Ce canapé est très inconfortable, tu ne peux pas se asseoir**

dessus pendant longtemps. Kursi-weynahan aad buu u raaxo-daran yahay, maad ku fadhin kartid waqti dheer.

incroyable *adjectif* Aan la rumeysan karin. **Une histoire incroyable.** Sheeko aan la rumaysan karin.

incurable *adjectif* Aan la daaweyn karin. **Heureusement, sa maladie n'est pas incurable.** Nasiibwanaag, jirradiisu ma aha mid aan la daaweyn karin.

individu *nom masculin* Qof. **Les droits et responsabilités de l'individu.** Xuquuqaha iyo waajibaadka qofka.

infarction *nom féminin* Gef (xeer). **Tu as commis une infraction au code de la route.** Waxaad samaysay gef ku saabsan xeerka waddada.

infirmièr, infirmière *nom* Kalkaaliye, kalkaaliso. **L'infirmière est avec le patient.** Kalkaalisadu waxay la joogtaa qofka bukaanka ah.

informer *verbe transitif* Ogeysii. **Je vais informer mon professeur de ma décision.** Waxaan ogeysiinayaa barahayga go'aankayga.

s'informer *verbe pronominal* Soo ogow. **Je peux me informer des heures d'ouverture du musée.** Waan soo ogaan karaa saacadaha furitaanka ee matxafka

innocent, innocente *adjectif* Aan galin wax dambi ah. **L'accusé est** innocent. Eedeysanuhu ma galin wax dambi ah.

inquiet, inquiète *adjectif* Welwelsan. **Je suis inquiet.** Waan welwelsanahay. **Ne sois pas inquiet, tout va bien se passer.** Ha welwelin, wax kasta wuu hagaagi doonaa.

inquiéter *verbe transitif* Walaaci, welwel ku hay. **Sa santé m'inquiète.** Caafimaadkeeda ayaa welwel igu haya.

s'inquiéter *verbe pronominal* Welwel. **Elle s'inquiète toujours pour sa famille.** Waxay badanaa ka welweshaa qoyskeeda.

inscrire *verbe transitif* Qor. **Le professeur a inscrit les noms des élèves sur le tableau.** Baruhu wuxuu magacyada ardayda ku qoray sabuuradda.

s'inscrire *verbe pronominal* Is diiwaangali. **Elle va s'inscrire à l'université.** Waxay iska diiwaangalinaysaa jaamacadda.

instruction *nom féminin* Waxbaris. **Instruction primaire.** Waxbarista dugsi hoose.

s'installer *verbe pronominal* Deg (meel). **Elle a décidé de s'installer dans une petite ville.** Waxay go'aansatay inay degto magaalo yar.

intelligent, intelligente *adjectif* Caqli-badan. **C'est une fille intelligente.** Waa gabar caqli-badan.

interdire *verbe transitif* Mamnuuc. **La nouvelle loi interdit la publicité sur le tabac dans les journaux et les magazines.** Shariga cusub wuxuu mamnuucayaa ku xayaysiinta tubaakada wargeysyada iyo majalladaha.

intéressant, intéressante *adjectif* Xiise leh. **Ce livre est très intéressant à lire.** Buuggan xiise ayuu aad u leeyahay in la akhriyo.

intéresser *verbe transitif* Xiisogali. **Les nouvelles commerciales vous intéressent-elles?** Miyay wararka ganacsigu ku xiisogaliyaan?

se intéresser *verbe pronominal* Xiisee, danee. **Elle s'intéresse à la politique.** Waxay xiisaysaa siyaasadda.

intérêt *nom masculin* 1. Dan. **Elle sait où est son intérêt.** Way garanaysaa meesha danteedu ku jirto. 2. U roon (lala isticmaalo *avoir* iyo *à*). **Elle a intérêt à se lever tôt pour prendre le bus de sept heures.** Waxaa u roon iyada inay toosto goor hore si ay u raacdo baska toddobada. 3. Dulsaar (lacag). **La banque prête à intérêt.** Bangigu dulsaar buu lacag ku amaahiyaa.

intérieur *nom masculin* Gudo. **Il fait plus frais à l'intérieur du bureau.** Waa yara qabow gudaha xafiiska.

intérieur, intérieure *adjectif* 1. Gudo. **Le mur intérieur.** Darbiga gudaha. 2. Gudaha (dal). **La politique intérieure.** Siyaasadda gudaha.

international, Internationale, internationaux *adjectif* Caalami. **La coopération internationale est essentielle pour résoudre les problèmes mondiaux.** Iskaashiga caalamigu wuxuu muhiim u yahay xallinta dhibaatooyinka adduunka.

Internet *nom masculin* Internet. **L'Internet est une source d'information inestimable.** Internetku waa il xogeed aad u qiime badan (il xogaha laga helo).

inutile *adjectif* Waxtar ma laha. **C'est inutile d'acheter un produit dont vous n'avez pas besoin.** Waxtar ma laha in la iibsado alaab aadan u baahnayn.

invité, invitée *nom* Marti. **Les invités arrivent aujourd'hui.** Martidu maanta ayay imanaysaa.

inviter *verbe transitif* Martiqaad. **Il a m'invité à dîner.** Wuxuu igu martiqaaday casho.

J

jadis *adverbe* 1. Waa hore. **Il y a avait jadis une reine somalienne appelée Arrawelo.** Waa hore waxaa jiri jirtay boqorad Soomaaliyeed oo la oran jiray Carraweelo. 2. Hore. **Au temps jadis, les gens utilisaient les chevaux comme moyen**

de transport. Waagii hore, waxay dadku u isticmaali jireen fardaha gaadiid ahaan.

jaloux, jalouse *adjectif* Masayrsan. **Un homme jaloux.** Nin masayrsan.

jamais *adverbe* Marnaba. **Elle n'a jamais visité Londres.** Marnaba may booqanin London.

jambe *nom féminin* Lug. **Ma jambe et mon pied.** Lugtayda iyo cagtayda

jambon *nom masculin* Hilib doofaar. **Elle ne mange pas de jambon.** May cunto hilib doofaar.

janvier *nom masculin* Janaayo. **Janvier est le premier mois de l'année et marque le début de l'hiver dans de nombreux pays.** Janaayo waa bisha kowaad ee sanadka oo waxay ku astaysan tahay billowga jiilaalka dalal badan.

jardin *nom masculin* Beer guriga ku taalla. **Les enfants jouent dans le jardin.** Waxay carruurtu ku ciyaarayaan beerta guriga.

jeudi *nom masculin* Khamiis. **Jeudi est mon jour préféré de la semaine**. Khamiista waa maalinta aan ugu jeclahay toddobaadka

jaune *adjectif* Hurdi, jaalle. **A qui est ce parapluie jaune?** Yaa leh dalladan hurdiga ah?

jeter *verbe transitif* Tuur. **Le garçon a jeté la balle au chat.** Wiilku wuxuu kubadda u tuuray bisadda.

jeune *adjectif* Dhallinyar. **Elle est plus jeune que lui.** Way ka dhallinyar tahay isaga.

jeu *nom masculin* Ciyaar. **Mon fils aime jouer à des jeux vidéo comme Nintendo.** Wiilkaygu wuxuu jecel yahay inuu ciyaaro ciyaaraha fiidiyowga sida Nintendo.

joli, jolie *adjectif* Fiican (muuqaal). **Elle porte une jolie robe blanche.** Waxay xiran tahay dhar qurux badan oo cad.

jouer *verbe transitif* Ciyaar. **Nous allons jouer au football demain après-midi.** Waxaannu ciyaaraynaa kubadda cagta berri galab.

joueur, joueuse *nom* Ciyaaryahan, ciyaaryahand. **L'entraîneur encourage les joueurs.** Tababbaruhu wuu dhiirrigeliyaa ciyaaryahannada.

jour *nom masculin* Maalin. **Chaque jour, je marche pendant une heure.** Maalin kasta muddo hal saac ah ayaan socdaa. **Quel jour sommes-nous?** Waa maalintee maanta?

journal *nom masculin* 1. Xusuusqor. **J'ai tenu un journal pendant mon voyage en Somalie.** Waxaan lahaa xusuus-qor intii lagu jiray safarkaygii Soomaaliya. 2. Wargeys. **J'aime lire le journal le matin.** Waxaan jeclahay inaan wargeyska akhriyo subaxnimada.

journée *nom féminin* Maalinnimo (inta lagu jiro). **Elle est rarement**

libre dans la journée. Waa dhif inay firaaqo leedahay maalinnimada.

joyeux, joyeuse *adjectif* Farxad badan leh. **Nous avons passé un joyeux jour à Jamaame.** Waxaannu maalin farxad badan ku qaadannay Jamaame.

juge *nom masculin* Garsoore. **Elle va aller devant un juge.** Waxay hortagi doontaa garsoore.

juger *verbe transitif* 1. Qaad, garsoor. **Qui jugera le cas?** Yaa qaadi doona kiiska. 2. Sida ay la tahay (marka fikrad qiimeyn ku salaysan la dhiibanayo). **Autant que je puisse juger, il a fait de son mieux pour résoudre le problème.** Sida ay ila tahay, wuxuu sameeyay sida ugu fiican si uu u xalliyo dhibaatada.

juillet *nom masculin* Luulyo. **Juillet est le septième mois de l'année.** Luulyo waa bisha toddobaad ee sanadka.

juin *nom masculin* Juunyo. **Juin est le mois où l'été commence.** Juunyo waa bisha xagaagu billowdo.

jupe *nom féminin* Goonno. **Elle ne porte pas de jupe courte.** May xirato goonno gaaban.

jus *nom masculin* Cabitaan la miiray. **Je bois du jus d'orange.** Waxaan cabaa liin la miiray.

jusqu'à *préposition* 1. Tan iyo . **Il a marché jusqu'à la plage.** Wuxuu socday tan iyo xeebta. 2. Ilaa

(waqti). **J'ai dormi jusqu'à midi.** Waan jiifay ilaa duhurnimadii.

juste *adjectif* 1. Xaqsoor leh (qof). **Elle est juste.** Xaqsoor bay leedahay. 2. Xaq, daw. **C'est ne pas juste!** Xaq ma aha! 3. Habboon. **L'heure juste.** Waqtiga habboon. 4. Sax. **Ma montre est juste.** Saacaddaydu waa sax.

juste *adverbe* 1. Ku taagan (gaw). **Il est dix heures juste.** Waxay ku taagan tahay tobankii. 2. Haddadan. **Elle vient juste d'arriver.** Haddadan ayay timid.

justice *nom féminin* Caddaalad. **Les lois sont fondées sur les principes de justice.** Sharciyadu waxay ku salaysan yihiin mabaadii'da caddaaladda.

K

kaki *nom masculin* Kaaki. **Je vais porter un pantalon kaki.** Waxaan xiranayaa surwaal kaaki ah.

kilo *nom féminin* Kiilo. **Je pèse cinquante-cinq kilos.** Culeyskaygu waa shan iyo konton kiilo.

kilomètre *nom masculin* Kiiloomitir. **Le panneau indique que la prochaine sortie est à sept kilomètres.** Calaamaddu waxay muujinaysaa in meesha xigta lagaga baxo waddada ay jirto toddoba kiiloomitir.

kiosque *nom masculin* Dabakaayo, dukaan yar. **Y a-t-il un kiosque**

à journaux près du restaurant? Miyay dabakaayo wargeysyada (iibisa) u dhowdahay maqaayadda?

klaxon *nom masculin* Hoon, **Le klaxon de la voiture a retenti.** Hoonka gaariga ayaa yeeray.

klaxonner *verbe transitif* Yeeri hoonka. **Le conducteur klaxonne pour prévenir les piétons.** Darawalku hoonka ayuu yeeriyaa si uu ugu digo dadka waddada maraya.

L

la *article* -ta/-da/-sha. **La voiture est garée devant la pharmacie.** Gaariga waxaa la dhigay farmashiyaha hortiisa.

là *adverbe* 1. Halkaas, meeshaas. **Tes clés sont là, sur la table.** Furayaashaadu halkaas ayay yaallaan, miiska korkiisa. **Elle n'est pas là en ce moment.** May joogto halkaas iyadu hadda. 2. Halkan. **Est-ce que Gahayr là?** Miyuu Gahayr halkan joogaa?

la-bas *adverbe* Halkaas. **La-bas, se trouve un nouveau parc.** Halkaas, waxaa ku taalla beer nasasho oo cusub. **Est-ce que tu sais ce qui se passe là-bas?** Miyaad og tahay waxa halkaas ka dhacaya?

lac *nom masculin* Haro. **Les Grands lacs.** Harooyinka waaweyn.

laid, laide *adjectif* Foolxun. **Un visage laid.** Waji foolxun.

laisser *verb transitif* 1. Ka tag. **Elle a laissé son parapluie à la maison.** Waxay dalladdeeda kaga tagtay guriga. 2. Dhig (qof). **Laisse-moi ici, s'il vous plaît.** Halkan i dhig, adigoo mahadsan. 2. U reeb. **J'ai laissé du gâteau à mon frère.** Waxaan doolshe u reebay walaalkay.

lait *nom masculin* Caano. **Y a-t-il du lait au réfrigérateur?** Miyay in caano ah ku jiraan qaboojiyaha? **Je bois du lait le matin.** Waxaan cabaa caano subaxnimada.

langue *nom féminin* Af. **Elle parle trois langues.** Waxay ku hadashaa seddex af.

laquel, laquelle *pronom relatif* -kee/-tee. **Lequel des livres as-tu lu?** Buuggee buugaggan ka mid ah baad akhrisay?

large *adjectif* Ballaaran. **La fleuve est large.** Wabigu wuu ballaaran yahay.

largeur *nom féminin* Ballac. **Quelle est la largeur de la pièce?** Waa maxay ballaca qolku?

laver *verbe transitif* Dhaq. **Elle lave sa voiture.** Waxay dhaqaysaa gaarigeeda.

se laver *verbe pronominal* 1. Is mayr. **Je dois me laver avant d'aller au lit.** Waa inaan is mayro inta aanan sarriirta tagin. 2. Iska dhaq. **Le garçon se lave les mains.** Wiilku gacmaha ayuu iska dhaqayaa.

le *article* -ka-/ha/-ga/-'a. **Le soleil se lève à l'Est.** Qorraxdu waxay ka soo baxdaa Bariga

leçon *nom féminin* Cashar. **J'ai une leçon de conduite aujourd'hui.** Waxaan leeyahay cashar gaari-wadis maanta.

lecteur, **lectrice** *nom* Akhriste. **Elle est une lectrice depuis son enfance.** Waxay ahayd akhriste tan iyo carruurnimadeedii.

lecture *nom féminin* Wax akhris. **Mes passe-temps incluent la lecture et la photographie.** Hiwaayadahayga waxaa ka mid ah wax akhriska iyo sawir-qaadista.

légume *nom masculin* Khudaar (had iyo jeer ereygu waa jamac *légume*s). **J'aime des légumes verts.** Waxaan jeclahay khudaarta cagaaran.

lent, **lente** *adjectif* Gaabi (socodka). **Le tracteur était si lent que nous sommes arrivés en retard à la ferme.** Cagafcagaftu aad bay u gaabinaysay oo goor dambe ayaannu beerta nimid. **La tortue est un animal lent.** Diinku waa xayawaan gaabiya.

lendemain *nom masculin* 1. Maalinta xigta. **Je partirai pour Kismaayo le lendemain.** Waxaan u ambabixi doonaa Kismaayo maalinta xigta. 2. Maalinta ku xigta (lala isticmaalo *de la, du, des*). **Nous partirons en vacances dès le lendemain de Noël.** Waxaannu fasax tagi doonnaa maalinta ku xigta Kirismaska.

lentement *adverbe* Si deggan. **Elle travaille lentement.** Waxay u shaqaysaa si deggan.

lettre *nom féminin* 1. Warqad. **J'ai envoyé une lettre à ma grand-mère.** Waxaan warqad u diray ayeeyaday. 2. Xaraf. **Les lettres** *i* **et** *j* **comportent un point.** Xarfaha *i* iyo *j* waxay leeyihiin dhibic.

leur *adjectif possessif* -kooda/-gooda/-hooda/-tooda/-ooda/-dooda. **Leur maison est grande.** Gurigoodu wuu weyn yahay.

leur *pronom personnel pluriel* Iyaga (*objet*). **Je leur ai donné un cadeau.** Waxaan iyaga siiyay hadiyad.

se lever *verbe pronominal* 1. Toos. **Je me lève tôt le matin.** Waxaan toosaa goor hore subaxnimada. 2. Soo bax (qorrax). **Le soleil se lève à six heures.** Qorraxdu waxay soo baxdaa lixda.

lèvre *nom féminin* Bushin, faruur. **La lèvre supérieure est sous le nez.** Bushinta sare waxay ka hoosaysaa sanka.

libérer *verbe transitif* Sii daa. **Le prisonnier sera libéré demain.** Maxbuuska berri ayaa la sii dayn doonaa.

liberté *nom féminin* Xorriyad. **La liberté de la presse.** Xorriyadda saxaafadda.

lieu *nom masculin* 1. Goob. **Le lieu du rendez-vous n'est pas loin.** Goobta ballantu ma foga. 2. Dhac (lala isticmaalo *avoir*). **La réunion a lieu dans la salle de conférence.** Kulanku wuxuu ka dhacayaa qolka shirka. 3. Halkii aad/uu... (lala isticmaalo *au*). **Je vais au supermarché au lieu du marché de la ville.** Waxaan tagayaa suuq-ya-raha meeshii aan tagi lahaa suuqa magaalada.

ligne *nom féminin* 1. Qad (isgaarsiin ama gaadiid). **La ligne est mauvaise.** Qadku wuu xun yahay. 2. Xarriiq. **Les lignes de la main.** Xarriiqaha gacanta.

lire *verbe transitif* Akhri. **Elle lit un journal.** Waxay akhrinaysaa wargeys.

lit *nom masculin* Sariir. **Je fais mon lit.** Waxaan goglayaa sariirtayda.

litre *nom masculin* Liitar. **Je voudrais un litre de lait.** Waxaan jeclaan lahaa hal liitar oo caano ah.

livre *nom masculin* Buug. **J'aime lire beaucoup de livres, surtout des romans de science-fiction.** Waxaan jeclahay inaan akhriyo buugag badan, gaar ahaan qisooyinka sayniska.

livrer *verbe transitif* Keen (alaab ama warqad la soo diray). **L'entreprise a livré les marchandises au client hier.** Shirkaddu waxay badeecadda u keentay macmiilka shalay.

local *nom masculin* Qol. **Je cherche un local à utiliser comme bureau.** Waxaan raadinayaa qol aan u istic-maalo xafiis ahaan.

local, locale, locaux *adjectif* U gaar ah meel. **Chaque ville a des coutumes locales.** Magaalo kasta waxay leedahay caadooyin u gaar ah.

locution *nom féminin* Weedh sugan (aad loo isticmaalo). **"Pourtant" est une locution adverbiale.** "Hase ahaatee" waa weedh sugan falkaabed.

logement *nom masculin* Guri yar. **Un logement de deux pièces.** Guri yar oo labo qol ka kooban.

loi *nom féminin* 1. Sharci (la dejiyay). **Chaque personne doit se conformer à la loi.** Qof kasta waa inuu u hoggaansamo sharciga.

loin *adverbe* Fog. **Le marché est loin de chez moi.** Suuqu wuu ka fog yahay gurigayga.

loisir *nom masculin* Waqti firaaqo ah. **Comment occupez-vous vos heures de loisir?** Maxaad samaysaa saacadahaaga firaaqada ah?

long, longue *adjectif* Dheer. **Il y a une longue rangée d'arbres dans mon quartier.** Waxaa ku yaalla xaa-faddayda saf dheer oo geedo ah.

longtemps *adverbe* Waqti dheer. **Êtes-vous ici depuis longtemps?** Miyaad waqti dheer joogtay halkan?

lors *adverbe* Inta lagu jiro; inta lagu jiray. **Il y a nombreux sujets abordés lors la réunion du mois.** Waxaa jira arrimmo badan oo laga hadlay intii lagu jiray kulanka billaha ah.

lorsque *conjonction* 1. Markii. **Je marchais lorsque elle m'a téléphoné.** Waan soconayay markii ay i soo wacday. 2. Marka. **Je mangerai lorsque j'aurai faim.** Waan cunteyn doonaa marka aan gaajoodo.

loterie *nom féminin* Bakhtiyaanasiib. **Elle a gagné un million d'euros à la loterie.** Waxay ku guuleysatay hal milyan oo Yuuro bakhtiyaanasiibka.

louer *verbe transitif* 1. Kiree. **Elle loue des chambres à des étudiants.** Waxay qolal ka kireysaa ardayda. 2. Kireyso. **Je loue une maison au centre-ville.** Waxaan guri ka kireysanayaa bartamaha magaalada.

loup *nom masculin* Yey. **Je sais que le loup est un animal sauvage et dangereux.** Waan ogahay in yeydu ay tahay xayawaan duurjoog ah oo halis ah.

lui *pronom personnel masculin et féminin* 1. Isaga. **Je lui ai donné deux livres.** Waxaan isaga siiyay laba buug. 2. Isaga ayaa leh (lala

isticmaalo *à*). **Cette voiture est à lui.** Gaarigan waxaa leh isaga. 3. Iyada. **Je lui ai donné les clés.** Waxaan siiyay iyada furayaasha.

lumière *nom féminin* 1. Iftiin. **La lumière du soleil est magnifique.** Iftiinka qorraxdu aad buu u wanaagsan yahay. 2. Nal. **Puis-je éteindre les lumières?** Miyaan nalalka damin karaa?

lundi *nom masculin* Isniin. **Lundi est le premier jour de la semaine.** Isniin waa maalinta kowaad ee toddobaadka.

lune *nom féminin* Dayax. **La lune brille.** Dayuxu wuu ifayaa.

lunette *nom féminin pluriel* Ookiyaale, muraayado. **L'optométriste m'a prescrit des lunettes.** Dhakhtarka indhaha ayaa ookiyaale (muraayado) ii qoray.

lutte *nom féminin* 1. Halgan. **La lutte pour la liberté.** U halganka xorriyadda. 2. La dagaallan. **La lutte contre le crime**. La dagaallanka dambiyada.

lutter *verbe intransitif* La dagaallan (lala isticmaalo *contre*). **Nous luttons contre les maladies évitables.** Waxaannu la dagaallamaynaa cudurrada laga hortagi karo.

lycée *nom masculin* Dugsi sare. **Elle a toujours rêvé d'aller au lycée à Kismaayo.** waxay had iyo jeer ku haminaysay (riyadeedu ahayd) inay dhigato dugsi sare oo ku yaalla Kismaayo.

M

mademoiselle, *nom féminin* Erey loo isticmaalo gabar da' yar ama aan la guursanin.

magasin *nom masculin* Dukaan. **Le magasin vend de la nourriture et des boissons.** Dukaanku wuxuu iibiyaa cunto iyo cabitaan.

main *nom féminin* Gacan. **La main droite.** Gacanta Midig.

maintenant *adverbe* Hadda. **Qu'est-ce que tu veux faire maintenant?** Maxaad rabtaa inaad hadda samayso?

maintenir *verbe transitif* Dhowr. **Le gouvernement doit maintenir l'ordre public.** Waa inay dowladdu dhowrto kala dambaynta dadweynaha

maire *nom masculin* Duqa Magaalada. **Le maire inaugurera le nouveau bureau de poste dans notre quartier.** Duqa Magaalada ayaa furi doona xafiiska boostada cusub ee xaafaddeenna.

mai *nom masculin* Maajo. **Le jour du Travail est célébré en mai.** Maalinta Shaqada waxaa la xusaa Maajo dhexdeeda.

mais *conjonction* Laakiin. **Cette armoire est agréable mais trop**

chère. Armaajadan way fiican tahay laakiin aad bay u tahay qaali.

maison *nom féminin* Guri. **Nous avons acheté une nouvelle maison pour notre famille.** Waxaannu guri cusub u iibinnay qoyskeenna.

maîtriser *verbe transitif* Si fiican u baro (xirfad ama aqoon). **Est-ce qu'une langue étrangère est difficile à maîtriser?** Miyay adag tahay in af qalaad si fiican loo barto?

mal *adverbe* 1. Si qalad ah . **Tu m'as mal compris.** Qalad baad ii fahantay. 2. Si xun. **A-t-il mal agi?** Miyuu si xun u dhaqmay? **Il peint mal la pièce.** Wuxuu guriga u rinjiyeynayaa si xun.

mal, maux *nom masculin* 1. Xume. **Le bien et le mal.** Wanaagga iyo xumaha. 2. Hay (xanuun, lala isticmaalo *avoir*). **Où as-tu mal?** Halkee lagaa hayaa? **J'ai mal à la tête.** Madaxa ayaa la iga hayaa. 3. Xumee (lala isticmaalo *faire du...*) **Il m'a fait du mal.** Wuu i xumeeyay. 4. Dhib, waxyeello. **Il n'y a pas de mal.** Dhib ma jirto.

écrivain, écrivaine *nom* Qoraa. **L'écrivain français Marcel Proust est l'auteur de À** *la recherche du temps perdu.* Qoraha Faransiiska ah Marcel Proust waa qoraha *Baadigoobka Waqti Lumay.*

malade *adectif* Jirran, xanuunsan. **Le garçon est malade.** Wiilku wuu xanuunsan yahay.

maladie *nom féminin* Cudur. **Une maladie curable.** Cudur la daaweyn karo.

malgré *préposition* Ka sokow. **Malgré la pluie, j'ai décidé de sortir.** Ka sokow roobka, waxaan go'aansaday inaan baxo.

malheur *nom masculin* 1. Tabaale, xaalad adag. **Elle a surmonté de nombreux malheurs dans sa vie.** Waxay ka soo gudubtay xaalado adadag nolosheeda. 2. Dhibaato nololeed. **Il faut apprendre à surmonter le malheur.** Waa inaannu baranno inaannu ka gudubno dhibaatada nololeed.

malheureusement *adverbe* Nasiibdarro. **Malheureusement, il a annulé la réunion.** Nasiibdarro, wuu baajiyay kulanka. **Malheureusement, je ne peux pas venir à ta fête.** Nasiibdarro, maan iman karo xafaddaada.

maman *nom féminin* Hooyo (erey carruurtu yiraahdaan). **Maman, peux-tu me raconter une histoire avant de dormir?** Hooyo, miyaad ii sheegi kartaa sheeko hurdada ka hor?

manageur, manageuse *nom* Maamule (hay'ad). **Le manageur n'est pas au bureau maintenant.**

Maamuluhu hadda muu joogo xafiiska.

manger *verbe intransitif* Cun. **Je ne mange pas de viande.** Maan cuno hilib.

manier *verbe transitif* Adeegso. **Il faut manier les ciseaux avec précaution.** Waa inaad si feejignaan leh u adeegsatid maqaska.

manière *nom féminin* 1. Hab. **Est-ce une manière différente de preparer le déjeuner?** Kani ma hab kale oo qadada loo kariyo baa? 2. Asluub. **La manière de parler.** Asluubta loo hadlo.

manifestant, manifestante *nom* Bannaanbaxe. **Les manifestants ont passé devant le parlement.** Bannaanbaxayaashu waxay mareen baarlamaanka hortiisa.

manque *nom masculin* La'aan (lala isticmaalo *de/d'*). **Manque d'argent.** Lacag la'aan.

manquer *verbe transitif* 1. La waa (shiishka). **Le chasseur a manqué la biche.** Ugaarsaduhu wuu la waayay deerada. 2. Ka dhimman (lacag). **Je manque encore trente euros.** Weli waxaa iga dhimman soddon Yuuro. 3. La' (lala isticmaalo *de*). **Nous manquons de plan pour construire une nouvelle école dans le district.** Waxaannu la'nahay qorshe in dugsi cusub laga dhiso degmada.

manteau *nom masculin* Koodh. **Un manteau de fourrure est cher.** Koodh dhogor ka samaysan waa qaali.

marché *nom masculin* Suuq. **Le marché est-il près de chez vous?** Suuqu miyuu u dhow yahay gurigaaga?

marcher *verbe intransitif* 1. Soco. **Je préfère marcher plutôt que de prendre la voiture.** Inaan socdo ayaan ka jeclahay intii aan gaari qaadan lahaa. 2. Shaqee (wax). **Est-ce que l'ascenseur marche?** Miyuu wiishku shaqaynayaa? 3. Si fiican u socda/ socota (ganacsi/ hawl iwm). **Les affaires marchent bien en ce moment.** Ganacsigu si fiican ayuu hadda u socdaa.

mardi *nom masculin* Talaado. **Mardi est le jour où j'ai mon cours de français.** Talaado waa maalinta aan leeyahay fasalkayga Faransiiska

se marier *verbe pronominal* Guurso. **Ils vont se marier l'été prochain.** Waxay is guursanayaan xagaaga soo socda.

mariage *nom masculin* Aroos. **Je vais au mariage de mon ami.** Waxaan tagayaa arooska saxiibkay.

marrant, marrante *adjectif* Qosol leh. **Un film marrant.** Filin qosol leh.

marteau *nom masculin* Dubbe, burris. **J'ai utilisé un marteau pour enfoncer un clou dans le mur.** Waxaan isticmaalay burris si aan musmaar u geliyo darbiga.

masculin, masculine *adjectif* Labeed (lab ah). **Caractéristiques masculines.** Tilmaammo labeed.

mars *nom masculin* Maarso. **Mars est le mois où les premières fleurs printanières commencent à éclore.** Maarso waa bisha ay ubaxyada ugu horreeya ee gugu soo baxaan.

match *nom masculin* Ciyaar. **Un match de football.** Ciyaar kubadda cagta ah.

matelas *nom masculin* Firaash, joodari. **J'ai acheté un nouveau matelas.** Waxaan soo iibsaday joodari cusub.

mathématiques *nom féminin pluriel* Xisaab. **Son fils est très doué en mathématiques.** Wiilkiisu wuxuu aad ugu fiican yahay xisaabta.

matière *nom féminin* Maaddo (waxbarasho). **L'histoire est-elle votre matière préférée?** Taariikhdu miyay tahay maaddada aad ugu jeceshahay?

matin *nom masculin* Aroor. **Chaque matin, je me lève à cinq heures.** Aroor kasta waxaan toosaa shanta. **Je marche pendant une heure tous**

les matins. Waxaan socdaa hal saac subax kasta.

matinée *nom féminin* Subaxnimo. **Je vais passer toute la matinée à faire du ménage.** Waxaan subaxnimada oo dhan ku qaataa nadiifinta (guriga).

mauvais, mauvaise *adjectif* 1. Xun. **Ce film est mauvais.** Filinkan wuu xun yahay. 2. Aan fiicnayn tayo ahaan. **Un produit de mauvais qualité.** Alaab aan tayo fiicnayn. 3. Halis ah. **La mer est mauvaise aujourd'hui.** Baddu waa halis maanta (kacsan tahay). 4. Qaldan. **Je ne veux pas donner une mauvaise réponse.** Maan doonayo inaan bixiyo jawaab qaldan.

me *pronom personnel* I. **Elle me parle en arabe.** Waxay igula hadashaa Carabi.

médecin *nom* Dhakhtar, dhakhtarad. **Si vous êtes malade, vous devriez aller voir un médecin.** Haddii aad xanuunsan tahay, waa inaad dhakhtar u tagto.

médecine *nom féminin* Daawo. **Pour traiter ma douleur, j'ai besoin de prendre de la médecine.** Si aan u daaweeyo xanuunkayga, waxaan u baahanahay inaan qaato daawada.

médicament *nom masculin* Daawo. **Le médecin a prescrit un médicament à un malade.** Dhakhtarku wuxuu daawo u qoray bukaan.

membre *nom masculin* Xubin. **Je suis membre de ce club.** Waxaan xubin ka ahay naadigan.

même *adjectif* 1. Oo kale. **J'ai la même voiture.** Waxaan leeyahay baabuurkan oo kale. 2. Isla. **Le même jour.** Isla Maalinta.

même *adverbe* Xitaa. **Même mon chat aime dormir toute la journée.** Xitaa bisaddaydu waxay jeceshahay inay huruddo maalinta oo dhan.

mener *verbe transitif* 1. Horseed. **Le joueur peut mener son club à la victoire.** Ciyaaryahanku wuxuu u horseedi karaa naadigiisa guul. 2. Tag (jid). **Cette route mène à l'aéroport.** Jidkani wuxuu tagaa gegida diyaaradaha.

mensuel, mensuelle *adjectif* Bille. **Une revue mensuelle.** Majallad bille ah.

mentir *verb intransitif* Been sheeg. **Il ne ment pas.** Muu sheegayo been.

se méprendre *verbe pronominal* Si qalad ah u fahan. **Je me suis mépris sur la signification de ce mot.** Waxaan si qalad ah u fahmay macnaha ereygan.

mer *nom féminin* Bad. **La mer est froide.** Baddu way qabowdahay.

mercredi *nom masculin* Arbaco. **Mercredi prochain, nous irons au cinéma**. Arbacada dambe, waxaannu tagi doonnaa shineemada.

merci *nom masculin* Mahadsanid. **N'oubliez pas de dire « merci » quand quelqu'un vous aide.** Ha illoobin inaad "mahadsanid" tiraahdid marka qof uu ku caawiyo.

mère *nom féminin* Hooyo. **Elle est mère de deux enfants.** Waa hooyada laba carruur.

mériter *verbe transitif* Mudan. **Elle mérite de réussir.** Waxay mudan tahay inay guuleysato.

message *nom masculin* Farriin. **J'ai reçu un message important de mon patron.** Waxaan farriin muhiim ah ka helay maamulahayga.

mesure *nom féminin* 1. Cabbir. **Que puis-je faire pour connaître la mesure de la fenêtre?** Maxaan samayn karaa si aan u garto cabbirka dariishadda? 2. Tallaabo. **Les nouvelles mesures de sécurité concernent tous les voyageurs.** Tallaabooyinka cusub ee amniga ayaa khuseeyaa dhammaan musaafurka (dadka safra).

mesurer *verbe transitif* Cabbir. **Je vais mesurer les fenêtres pour acheter de nouveaux rideaux.** Waxaan cabbirayaa daaqadaha si aan daahyo cuscusub u soo iibsado.

métal *nom masculin* Bir. **Cette clôture est faite de métal solide.** Dayrkan wuxuu ka samaysan yahay bir adag.

métier *nom masculin* Shaqo. **Vendre des voitures est son métier.** Iibinta baabuurta waa shaqadiisa.

mettre *verbe transitif* 1. Dhig. **Où as-tu mis ma clé?** Halkee baad dhigtay furahayga? 2. Xiro, gasho. **Je mets mon manteau.** Waxaan xiranayaa koorkayga.

se mettre *verbe pronominal* Leh (meel). **Où se mettent les assiettes?** Halkee suxuuntu leeyihiin?

meuble *nom masculin* Qalabka guryaha. **Elle veut acheter de beaux meubles.** Waxay doonaysaa inay soo iibsato qalabka guryaha oo qurux badan.

miel *nom masculin* Malab. **Le miel est doux.** Malabku wuu macaan yahay.

mieux *adjectif* Ka fiican. **Ce pantalon est mieux que le dernier que vous avez acheté.** Surwaalkan wuu ka fiican yahay kii hore aad soo iibsatay.

mieux *adverbe* 1. Si wanaagsan. **Dalmar travaille mieux.** Dalmar si wanaagsan ayuu u shaqeeyaa. 2. Roon (caafimaad). **Je vais mieux.** Waan roonahay.

mignon, mignonne *adjectif* Qurux-badan. **Qu'elle est mignonne cette fille!** Gabartu qurux-badanaa!

milieu *nom masculin* 1. Dhex. **La table est au milieu de la pièce.**

Miisku wuxuu dhex yaallaa qolka. 2. Duni. **Le milieu politique.** Dunida siyaasadda.

mille *nom masculin* Kun. **J'ai économisé mille euros pour mes vacances cet été.** Waxaan kun Yuuro u keydsaday fasaxayga xagaagan.

milliards *nom masculin* Bilyan. **La population mondiale dépasse les six milliards d'individus.** Tirada dadka adduunku waxay kor u dhaafaysaa lix bilyan oo qof.

million *nom masculin* Milyan. **Elle a gagné un million d'euros à la loterie.** Waxay ku guuleysatay hal milyan oo Yuuro bakhtiyaanasiibka.

mince *adjectif* Caato. **Elle est mince.** Iyadu waa caato.

minime *adjectif* Yar. **La différence est minime.** Kala duwanaanshuhu wuu yar yahay.

minuit *nom masculin* Saq dhexe. **Est-ce que le train part à minuit?** Miyuu tareenku baxaa saq dhexe?

minute *nom féminin* Daqiiqad. **Une minute est composée de soixante secondes.** Hal daqiiqad waxay ka kooban tahay lixdan ilbiriqsi.

miroir *nom masculin* Muraayad. **Je me regarde dans le miroir.** Waxaan isku eegayaa muraayadda.

mission *nom féminin* Hawlgal. **Le soldat s'apprête à partir en mission.** Askarigu wuxuu isu diyaarinayaa inuu hawlgal u baxo.

moderne *adjectif* Casri ah. **Le rôle des femmes dans la société moderne.** Kaalinta haweenka ee bulshada casriga ah.

moi *pronom personnel* 1. I. **Donne-moi un nouveau stylo, s'il te plaît.** Qalin cusub i sii, adigoo mahadsan. 2. Ii. **AApportez-moi un stylo.** Qalin ii keen.

moins *adverbe* 1. Ka (loo isticmaalo isbarbardhig tiro ama cabbir). **Cette voiture est deux fois moins chère que votre voiture.** Gaarigani laba jeer ayuu ka jaban yahay kaaga. **Ce gâteau est moins bon que le tien.** Doolshahani uma fiicna sida kaaga. 2. La'/ dhimman (loo isticmaalo sheegista waqti). **Il est huit heures moins dix.** Waa siddeeddii oo toban la'. **au moins...** ugu yaraan.

mois *nom masculin* Bil. **Un enfant de six mois.** Ilmo lix bilood jira. **Le mois d'août est le mois des vacances.** Bisha Agoosto waa bisha fasaxyada.

moitié *nom féminin* Nus, badh. **J'ai mangé une moite de poulet.** Waxaan cunay nus digaag.

moment *nom masculin* 1. Muddo. **Nous avons passé de longs**

moments ensemble. Muddo dheer baannu isla joognay. **2. Waqti. Est-ce un mauvais moment pour aller en vacances?** Ma waqti xun oo fasax la aado baa? **En ce moment.** Haddadan.

mon *adjectif possessif* (Loo istic-maalo lahaansho magac keli oo lab ah). **Mon chat.** Mukulaashayda.

monde *nom masculin* Adduun. **Le monde est un endroit étrange.** Adduunku waa meel yaab leh.

mondial, mondiale mondiaux *adjectif* Adduunka. **Combien de temps la Première Guerre mondiale a duré?** Intee buu Dagaalkii Kowaad ee adduunku socday?

monster *nom masculin* Bahal. **L'histoire parle d'un monstre à trois têtes.** Sheekadu waxay ka hadlaysaa bahal seddex madax leh.

montagne *nom féminin* Buur. **Les montagnes sont belles au printemps.** Buuruhu way qurux badan yihiin guga. **J'aime passer tous les ans un mois à la montagne.** Waxaan jeclahay inaan sanadkiiba bil ku qaato buuraha.

montant *nom masculin* Tiro (lacag). **Le montant de la prime d'assurance est de sept cent euros.** Tirada iibsiga caymisku waa toddoba boqol oo Yuuro (toddoba boqol baa la siistaa).

monter *verbe intransitif* 1. Sare u kac. **Les prix du sucre à encore**

monté. Sicirka sonkorta ayaa mar kale sare u kacay. **2. Kor** (gaadiid). **Elle monte dans le train.** Waxay koraysaa tareenka.

monter *verbe transitif* 1. Kor. **Je ne peux pas monter cette échelle.** Maan kori karo jaranjaradan. 2. Fuul (faras). **Peut-elle monter à cheval?** Miyay faras fuuli kartaa? 3. Kor gee. **Tu peux monter les deux valises à l'étage?** Miyaad dabaqa sare geyn kartaa labada shandadoodba? 4. Rakib. **Elle monte la nouvelle armoire.** Waxay rakibaysaa armaajada cusub.

montre *nom féminin* Saacad (la xirto). **Ma montre est cassée et j'ai besoin d'en acheter une nouvelle.** Saacaddaydu way jabtay oo waxaan u baahanahay inaan mid cusub soo iibsado.

mort *nom féminin* Geeri. **Le gouvernement enquête sur la mort d'un détenu.** Dowladdu waxay baaraysaa geerida maxbuus.

mort, morte *adjectif* Mootan. **Elle est morte depuis longtemps.** Waxay mootan tahay muddo dheer.

mosquée *nom féminin* Masjid. **Une mosquée est près de chez moi.** Masjid ayaa u dhow gurigayga.

mot *nom masculin* Erey. **Est-ce que ce mot est dans le dictionnaire?** Miyuu ereygani ku jiraa qaamuuska?

mouillé, mouillée *adjectif* Qoyan. **Il est tout mouillé.** Wuu wada qoyan yahay.

mourir *verbe intransitif* Dhimo. **Sa mère est morte il y a deux ans.** Hooyadeed waxay dhimatay laba sano ka hor.

moyen *nom masculin* Hab. **Elle peut trouver un moyen de résoudre le problème.** Waxay heli kartaa hab ay u xalliso dhibaatada.

moyen, moyenne *adjectif* 1. Celceliska ah (xisaab). **La température moyenne en été est d'environ 25 degrés Celsius.** Heerkulka celceliska ah ee xagaaga ayaa ah 25 selsiyus. 2. Dhexdhexaad (cabbirka, tayada iwm). **Le boucher vend de la viande de qualité moyenne.** Hilibluhu wuxuu iibiyaa hilib tayadiisu dhexdhexaad tahay.

mur *nom masculin* Darbi. **Le mur de la maison a été récemment rénové.** Darbiga guriga dhowaan ayaa dib loo hagaajiyay.

musée *nom masculin* Matxaf. **Sarah a visité le Louvre et le musée d'Orsay lors de son séjour à Paris.** Sarah waxay booqatay Louvre iyo matxafka Orsay intii ay joogtay Baariis.

musique *nom féminin* Muusig. **Est-ce que vous pouvez lire la musique?** Miyaad muusigga akhrin kartaa?

N

nager *verb intransitif* Dabaalo. **Nous aimons nager à la plage pendant les vacances d'été.** Waxaannu jecelnahay inaannu xeebta ku dabaalanno inta lagu jiro fasaxa xagaaga. **Il nage très bien.** Si fiican buu u dabaashaa.

naissance *nom féminin* Dhalasho. **La naissance d'un enfant.** Dhalashada ilmo.

naître *verbe intransitif* Dhalo. **Quand êtes-vous né?** Goorma ayaad dhalatay?

natation *nom féminin* Dabaal. **La natation est son sport favori.** Dabaashu waa ciyaarta uu ugu jecel yahay.

navigateur *nom masculin* Badmaax. **Le navigateur utilise une boussole.** Badmaaxu wuxuu isticmaalaa jiheeye.

navire *nom masculin* Markab. **Le navire a pris la mer.** Markabku wuu furtay (shiraacday).

néanmoins *adverbe* Hase ahaatee. **Je suis contente de te voir, néanmoins je vais travailler maintenant.** Waan ku faraxsanahay inaan ku arko, hase ahaatee waan shaqaynayaa hadda.

nécessaire *adjectif* Loo baahan yahay. **C'est n'est pas nécessaire.** Looma baahna.

nécessité *nom féminin* Baahi (wax loo qabo). **La nécessité d'un nouveau**

plan pour protéger l'environnement. Baahida loo qabo qorshe cusub oo lagu dhowrayo deegaanka.

neige *nom féminin* Baraf (soo da'a). **Les sports de neige.** Ciyaaraha barafka.

neiger *verbe intransitif* Da' (baraf). **Il neige.** Baraf baa da'aya.

net, nette *adjectif* Cad (la fahmi karo). **Le message est net.** Farriintu way caddahay.

nettoyage *nom masculin* Nadiifin. **Qui fait le nettoyage au bureau?** Yaa Nadiifiinta xafiiska sameeya (yaa xafiiska nadiifiya)?

nettoyer *verbe transitif* Nadiifi. **Nettoyez la table après avoir mangé.** Nadiifi miiska kaddib marka la cunteeyo.

nez *nom masculin* San. **Le nez est l'organe de l'odorat.** Sanku waa xubinta urinta. **Mon nez est un peu congestionné.** Sankaygu in yar wuu cabbursan yahay.

ni *conjonction* Mana. **Je ne mange pas de viande, ni de poisson.** Maan cuno hilib, mana cuno kalluun.

niveau *nom masculin* Heer (waxbarasho). **Les deux étudiants sont au même niveau.** Labada arday waa isku heer.

Noël *nom féminin* Kirismas. **Qu'est-ce que tu fais pour Noël?** Maxaad samaynaysaa Kirismaska?

noir, noire *adjectif* Madow. **Elle porte une robe noire.** Waxay xiran tahay dhar madow.

nom *nom masculin* Magac. **Connaissez-vous les noms de toutes les plantes?** Miyaad taqaan magacyada dhirta oo dhan? **Quel est votre nom?** Magacaa? **Un nom français est-il masculin ou féminin?** Miyuu magac Faransiis yahay lab mise dheddig?

nombre *nom masculin* Tiro. **Apprendre la suite des nombres.** Baro kala horraynta tirooyinka.

nommer *verbe transitif* 1. Magacow. **Le président a nommé un nouveau ministre de la justice.** Madaxweynuhu wuxuu magacaabay wasiir cusub ee caddaaladda. 2. Ku dhawaaq. **Le jury a nommé le gagnant du concours.** Guddiga ayaa ku dhawaaqay ku guuleystaha tartanka.

non *adverbe de négation* Maya. **Non. Je n'ai pas faim.** Maya, maan gaajaysani.

nord *nom masculin invariable* Waqooyi. **Nous allons vers le nord.** Waxaannu u sii soconnaa waqooyiga.

normal *adjectif* Caadi. **C'est le prix normal pour une voiture d'occasion.** Waa sicirka caadiga ah ee gaari hore loo lahaa.

noter *verbe transitif* 1. Qor. **N'oublie pas de noter le numéro de téléphone de Sureer.** Ha illoobin inaad qortid tirsiga telefoonka Sureer. 2. Qoraal-gali. **On devrait noter toutes nos dépenses pour mieux gérer notre budget.** Waa inaannu qoraal-gelinno qarashyadeenna oo dhan si aannu si wanaagsan ugu maamulno miisaaniyaddeenna. 3. Ogow. **J'ai noté une augmentation du prix du sucre.** Waxaan ogaaday korodh sicirka sonkorta ah.

nourriture *nom féminin* Cunto (guud ahaan ama mid karsan). **La nourriture des animaux.** Cuntada xayawaanka.

nous *pronom personnel* 1. Annaga (sujet). **Nous allons au marché plus tard.** Waxaannu tagaynaa suuqa hadhow. 2. Na/ina (objet). **Il nous a rencontrés à la gare.** Wuxuu nagula kulmay saldhigga tareenka.

nouveau, nouvelle *adjectif* Cusub. **Elle a une nouvelle voiture.** Waxay leedahay gaari cusub.

nouvelles *nom féminin pluriel* War. **J'ai de bonnes nouvelles pour toi.** Waxaan kuu hayaa war wanaagsan.

novembre *nom masculin* Nofeembar. **Novembre est un mois où les journées raccourcissent, et les températures baissent davantage.** Nofeembar waa bil maalmuhu gaabtaan, oo heerkulku hoos u sii dhaco.

nuage *nom masculine* Daruur. **Le nuage est très sombre, il va peut-être pleuvoir.** Daruurtu aad ayay u madowdahay, way dhici kartaa inuu roob da'o.

nuire *verbe transitif* Wax u dhin, waxyeellee. **L'alcool nuit à la santé.** Khamrigu wuxuu waxyeelleeyaa caafimaadka.

nuit *nom féminin* Habeen. **Bonne nuit.** Habeen wanaagsan. **Je vais rentrer cette nuit.** Waxaan soo noqonayaa caawa.

numéro *nom masculin* Tirsi, lambar. **Quel est le numéro de sa maison?** Waa maxay tirsiga gurigiisa?

O

obeir *verbe transitif* U dhego-nuglow, adeec. **Je dois obéir à mes parents.** Waa inaan u dhego-nuglaado waalidkay.

obliger *verbe transitif* 1. Waajibi. **Le contrat m'oblige à travailler quarante heures par semaine.** Heshiisku wuxuu igu waajibinayaa inaan shaqeeyo 40 saac toddobaadkiiba. 2. Ku qasab. **Le client ne m'a pas obligé à peindre la pièce à nouveau.** Macmiilku iguma qasbin inaan qolka rinjiyeeyo mar kale. 3. Waa qasab in... (lala isticmaalo *être*). **Je suis obligé de partir à huit heures.** Waa qasab inaan baxo siddeedda.

obtenir *verbe transitif* Hel. **Un parti va obtenir plus de cinquante pour cent des voix.** Hal xisbi ayaa helaya ka badan boqolkiiba konton codadka.

obturer *verbe transitif* 1. Gufee. **Le plombier a obturé la fuite dans le tuyau avec un morceau de bois.** Tuubbiistuhu wuxuu gabal alwaax ah ku gufeeyay meeshii biyuhu ka socdeen ee qasabadda. 2. Buuxi (ilig). **Le dentiste a obturé la cavité dans ma dent avec une obturation.** Dhakhtarka ilkuhu wax ayuu godkii iligga ku buuxiyay.

occassioner *verbe transitif* Sabab. **La tempête a occasionné de nombreux dégâts.** Duufaantu waxay sababtay khasaare badan.

occident *nom masculin* Galbeed. **L'Occident a traversé de profonds changements sociaux et politiques au cours du vingtième siècle.** Galbeedka waxaa soo maray isbeddelo bulsheed iyo siyaasadeed oo qotodheer qarniigii labaatanaad.

occupé, occupée *adjectif* 1. Mashquulsan. **Je suis occupé, je ne peux pas parler maintenant.** Waan mashquulsanahay, maan hadli karo hadda. 2. Waa la isticmaalayaa (qol). **La salle de réunion est occupée, nous devrons trouver une autre pièce.** Qolka kulammada waa la isticmaalayaa, waa inaannu qol kale helno.

occuper *verbe transitif* 1. Ku fadhi (dhul). **Le nouveau garage occupe une grande partie du marché.** Garaashka cusub wuxuu ku fadhiyaa qeyb weyn ee suuqa. 2. Hay (xil) **Elle occupe un poste important dans cette entreprise.** Waxay haysaa jago muhiim ah ee shirkaddan. 3. Buuxi (meel). **Les jouets occupent tout l'espace dans la chambre des enfants.** Alaabta carruurtu ku ciyaarto waxay buuxisaa qolka carruurta oo dhan. 4. Fadhi (kursi iwm). **Qui occupe ce siege?** Yaa kursigan fadhiya? 5. Qabso (ciidan). **L'armée a occupé la ville.** Ciidanka xoogga ayaa qabsaday magaalada. 6. Mashquuli, hawl. **L'objectif de ce projet est d'occuper les jeunes.** Ujeeddada mashruucan waa in la hawlo dhallinyarada.

s'occuper *verbe pronominal* 1. Isu xilsaar. **Je m'occupe du dîner.** Waxaan isu xilsaarayaa (karinta) cashada. 2. U xilsaaran. **Elle s'occupe l'hospitalité.** Waxay u xilsaaran tahay soo dhoweynta. 3. Is mashquuli, is hawl. **J'aime m'occuper du jardinage.** Waxaan jeclahay inaan isku mashquuliyo beerta guriga.

océan *nom masculin* Badweyn. **L'océan est un habitat pour de nombreuses creatures.** Badweyntu waxay hoy u tahay khalqi (abuur) farabadan.

octobre *nom masculin* Oktoobar. **L'anniversaire de ma grand-mère est en octobre.** Maalinta dhalashada ee ayeeyaday waa Oktoobar.

oculiste *nom masculine, féminin* Dhakhtarka indhaha. **Je vais chez l'oculiste plus tard.** Waxaan tagayaa rugta dhakhtarka indhaha hadhow.

odorant, odorante *adjectif* Caraf leh. **Les fleurs odorantes embaument le Jardin.** Ubaxyada carafta leh waxay udgooneysiiyaan beerta yar.

œil *nom masculin* Il (jamacu waa *yeux*: indho). **Fermez un œil.** Hal il isku qabo.

œuf *nom masculin* Ukun. **J'ai fait cuire des œufs brouillés pour le petit-déjeuner.** Waxaan quraac ahaan u kariyay ukun la walaaqay.

oeuvre *nom féminin* Shaqo (farshaxan ama suugaan sida buug la qoray). **La Mona Lisa est l'oeuvre de Leonardo da Vinci.** Mona Lisa waa shaqo farshaxaneedka Leonardo da Vinci.

offenser *verbe transitif* U gef. **Elle ne voulait pas offenser son amie.** May rabin inay u gefto saaxiibaddeed.

officiel, officielle *adjectif* Rasmi ah. **L'annonce officielle a été faite hier.** Ogeysiiska rasmiga ah ayaa shalay la sii daayay.

offrir *verbe transitif* Sii. **J'ai offert un cadeau à mon ami pour son anniversaire.** Waxaan saaxiibkay haddiyad u siiyay maalinta dhalashadiisa awgeed.

s'offusquer *verbe pronominal* Dhibso. **Je me suis offusqué de ses propos.** Waan dhibsaday hadalladiisa.

oiseau *nom masculin* Shimbir. **Le chant des oiseaux.** Heesta shimbiraha.

oisellerie *nom féminin* Dukaan shimbiro iibiya. **L'oisellerie est située dans le centre-ville.** Dukaanka shimbiraha iibiya wuxuu ku yaallaa bartamaha magaalada.

on *pronom* 1. Waannu/ waxaannu. **On est allés au restaurant vendredi soir.** Waxaannu tagnay maqaayadda habeenkii Jimcaha. 2. La. **On a frappé à la porte.** Waxaa la garaacay albaabka.

oncle *nom masculin* Adeer/Abti. **Mon oncle est arrivé.** Adeerkay ayaa yimid.

ongles *nom masculin* Ciddi. **Elle s'est coupé les ongles.** Waxay iska jartay ciddiyaha.

opinion *nom féminin* Fikrad. **Nous avons des opinions différentes sur ce sujet.** Waxaannu qabnaa fikrado kala duduwan oo ku saabsan mowduucan.

opportunité *nom féminin* Fursad. **Cette réunion est une véritable opportunité pour présenter votre plan.** Kulankani waa fursad dhab ah si aad u soo bandhigto qorshahaaga.

or *nom masculin* Dahab. **Elle a une bague en or coûteuse.** Waxay leedahay farraati dahab ah oo qaali ah.

oral, orale, oraux *adjectif* 1. Hadal ah. **Une communication orale.** Isgaarsiin hadal ah (qoraal aan ahayn). 2. Afka ah (daawo). **Une vaccination orale.** Tallaal afka la iska siiyo.

orange *nom féminin* Liin oranji. **Il pele une orange.** Wuxuu diirayaa hal xabbo oo liin oranji ah.

orange *adjectif* Liimi (midabka liinta) **Il a une chemise orange.** Wuxuu leeyahay shaati liimi ah.

ordinateur *nom masculin* Kombuyuutar. **J'ai un ordinateur portatif.** Waxaan leeyahay kombuyuutar laabtoob ah.

ordre *nom masculin* 1. Amar. **L'officier donne un ordre aux soldats.** Sarkaalku wuxuu askarta siinayaa amar. 2. Kala horreyn. **Écrivez leurs noms dans leur ordre d'arrivée.** U qor magacyadooda sida ay uu soo kala horreeyeen.

oreille *nom féminin* Dheg. **Pouvez-vous toucher votre oreille gauche?** Miyaad dhegtaada bidix taaban kartaa?

organisation *nom féminin* Urur. **Il y a une organisation française qui collecte des données linguistiques.** Waxaa jira urur Faransiis ah oo ururiya xogaha afeed.

orteil *nom masculin* Suul (lugta). **Je me suis cassé l'orteil en jouant au soccer.** Suulka (lugta) ayaa iga jabay anigoo kubadda cagta ciyaaraya.

os *nom masculin* Laf. **Vous retirez les os dans le poisson?** Miyaad lafaha ka saaraysaa kalluunka?

oser *verbe intransitif* Ku dhiiro. **Je ose affronter toutes les difficultés.** Waan ku dhiirradaa inaan wajaho dhibaatooyinka oo dhan.

où *adverbe interrogatif* Halkee. **Où habite-t-il?** Halkee buu ku nool yahay?

où *adverbe relatif* Meesha, halka. **La ville où j'habite.** Magaalada aan ku noolahay. **Savez-vous où se trouve le nouveau garage?** Miyaad taqaannaa meesha garaashka cusub uu ku yaallo?

ou *conjonction de coordination* Ama. **Vous pouvez venir aujourd'hui ou demain.** Waad iman kartaa maanta ama berri.

oublier *verbe transitif* Hilmaan, illow. **Parfois j'oublie de fermer la**

porte. Mararka qaarkood waan hilmaamaa inaan albaabka xiro.

ouest *nom masculin invariable* Galbeed. **Où est le ouest?** Waa dhinacee galbeed (dhinacee galbeed naga xigaa)?

oui *adverbe* Haa. **Oui, je serai là à la réunion demain matin.** Haa waan iman doonaa halkaas kulanka berri subax.

ours *nom masculin* Madaxkuti. **L'ours brun vit dans les montagnes.** Madaxkutiga bunniga ah wuxuu ku nool yahay buuraha.

outil *nom masculin* Qalab. **Des outils électriques.** Qalab koronto ku shaqeeya.

ouvert, ouverte *adjectif* Furan. **La pharmacie est ouverte.** Farmashiyuhu wuu furan yahay. **Le magasin est ouvert.** Dukaanku wuu furan yahay.

ouvrir *verbe transitif* Fur. **Elle a ouvert la fenêtre.** Waxay furtay dariishadda.

ouvrir *verbe intransitif* Fur. **Le magasin ouvre à 10 heures ce matin.** Dukaanka waxaa la furaa tobanka saaka.

P

page *nom féminin* Bog. **J'ai trouvé cette information intéressante sur la dernière page du journal.** Waxaan macluumaadkan xiisaha leh ka helay bogga ugu dambeeya ee wargeyska.

pain *nom masculin* Rooti. **Le pain quotidien.** Rooti maalmeedka.

paix *nom féminin* Nabad. **Une paix durable.** Nabad waarta.

panier *nom masculin* Dambiil. **Un panier plein de nourriture.** Dambiil ay cunto ka buuxdo.

panneau *nom masculin* Calaamad. **Je cherche le panneau indiquant la sortie de l'autoroute.** Waxaan raadinayaa calaamadda muujinaysa meesha lagaga baxo jidka weyn.

pantalon *nom masculin* Surwaal. **Il me faut un nouveau pantalon.** Waxaan u baahanahay surwaal cusub.

papier *nom masculin* Warqad. **J'ai jeté le papier dans la poubelle.** Waxaan warqadda ku tuuray caagga qashinka

par *préposition* 1. Soo. **Elle est arrivée par la route.** Waddada ayay soo martay. 2. Kor (meel). **Il est assis par terre.** Wuxuu fadhiyaa dhulka. 3. Ku. **Elle travaille par avion.** Waxay ku safartaa diyaarad.

paraître *verbe intransitif* U muuqo (arrin). **Il paraît que demain il va faire beau.** Waxay u muuqataa in berri hawadu fiicnaan doonto (qorrax badan jiri doonto).

parapluie *nom masculin* Dallad. **Où est mon parapluie?** Aaway dalladdayda?

parc *nom masculin* Beer nasasho. **Je vais au parc.** Waxaan tagayaa beerta nasashada.

parce que *conjonction* Sababtoo ah. **J'ai soif parce que j'ai marché pendant deux heures.** Waan oommanahay sababtoo ah waxaan socday laba saac.

par-dessus *adverbe* 1. Ka. **Tu peux sauter par-dessus le mur?** Miyaad darbiga ka boodi kartaa? 2. Ku. **Le chien court par-dessus la prairie.** Eygu wuxuu ku dul ordayaa cawska.

pardon *nom masculin* Iga raalli ahow.

pardonner *verbe transitif* Cafi. **Pouvez-vous me pardonner?** Miyaad i cafin kartaa?

pareil, pareille *adjectif* Isku mid. **Ces deux voitures ne sont pas pareilles.** Labadan baabuur isku mid ma aha. **un pareil/une pareille:** mid la mid ah.

parents *nom masculin pluriel* Waalid. **Ses parents sont en vacances aux États-Unis.** Waalidkeed waxay fasax ku joogaan Maraykanka.

parfait *exclamation* Heer sare (la dhaho marka aad wax la dhacsan tahay).

parfait, parfaite *adjectif* Ugu fiican. **Un résultat parfait.** Natiijo ugu fiican.

parfois *adverbe* Mararka qaarkood. **Parfois, je marche cinq kilomètres.** Mararka qaarkood, waxaan socdaa shan kiiloomitir.

parfum *nom masculin* Barafuun, cadar. **Ce parfum est-il très cher?** Barafuunkan ma aad buu u yahay qaali?

parisien, parisienne *adjectif et nom* Magaalada Baariis la xiriirta. **La région parisienne est-elle composée d'arrondissements?** Miyuu gobolka Baariis ka kooban yahay degmooyin?

parler *verbe intransitif* 1. Hadal. **Qui parle?** Yaa hadlaya? **Parle-moi.** Ila hadal. **Elle parle à sa sœur.** Waxay la hadlaysaa walaasheed. 2. Ku hadal (af). **Elle parle quatre langues.** Waxay ku hadashaa afar af.

parmi *préposition* 1. Dhex. **J'ai vu un bel oiseau parmi les arbres.** Waxaan arkay shimbir qurux badan geedaha dhexdooda. 2. Dhexdooda (marka laga hadlayo dad, xayawaan ama wax). **Parmi les animaux de la ferme, la vache est la plus populaire.** Xayawaanka beerta dhexdooda, saca ayaa ugu caansan. 3. Ku. **Vous rangez ce mot parmi les noms?** Miyaad ereygan ku tirisaa magacyada?

parole *nom féminin* Hadal. **La parole est d'argent et le silence est d'or.** Hadalku waa maarta oo aamuusnaantu waa dahabka.

partager *verbe intransitif* Wadaag. **Je vais partager mes bonnes nouvelles avec mes amis.** Waxaan saaxiibbaday la wadaagayaa warkayga fiican.

participer *verbe plus préposition* Ka qeybgal. **Il participe au concours agricole.** Wuxuu ka qeybgalayaa tartan beeraha ah.

particulier, particulière *adjectif* 1. Gaar ah. **Ce cas particulier est très intéressant.** Kiiskan gaarka ah aad buu xiise u leeyahay. 2. Gaar loo leeyahay. **Je vis dans une maison particulière.** Waxaan ku noolahay guri gaar loo leeyahay.

partie *nom féminin* Qeyb. **Une partie du group restera à l'hôtel deux jours de plus.** Qeyb ka mid ah kooxda ayaa sii joogi doonta hoteelka laba maalmood.

partir *verbe* Bax. **Il va partir à trois heures.** Wuxuu baxayaa seddexda.

pas *adverbe* Ma. **Il n'est pas à la maison.** Isagu ma joogo guriga. **Waasuge ne viendra pas.** Waasuge ma iman doono.

passeport *nom masculin* Baasaboor. **Mon passeport expire bientôt, je dois le renouveler rapidement.** Baasaboorkaygu wuxuu dhacayaa dhowaan, waa inaan si degdeg ah u cusboonaysiiyo.

passer *verbe intransitif* 1. Sii mar. **Ils sont passés par Kismaayo.** Waxay

sii mareen Kismaayo. 2. Soo mar (qof). **Je passerai chez vous ce soir.** Waan ku soo marayaa maqribka. 3. Soco (waqti). **Le temps passe trop vite.** Waqtigu si aad u degdeg ah ayuu u socdaa. 4. Mar (wabi/jid). **La Seine passe à Paris.** Seine wuxuu maraa Baariis.

passer *verbe transitif* 1. Ka gudub. **Nous avons passé la frontière Ethiopie.** Waxaannu ka gudubnay soohdinta Itoobiya. 2. Soo dhiib. **Passe-moi le sel, s'il te plaît.** Ii soo dhiib cusbada, adigoo mahadsan. 3. Qaado (waqti). **Il a passé l'après-midi à marcher dans le marché de la ville.** Wuxuu galabnimada ku qaatay socod suuqa magaalada dhexdiisa. 4. Gal (imtixaan). **Jibriil a passé ses examens la semaine dernière.** Jibriil wuu galay imitixaannadiisii toddobaadkii hore.

se passer *verbe pronominal* Dhac. **Il ne s'est rien passé de spécial hier soir.** Wax gaar ah ma dhicin xalay. **Je ne sais pas ce qui s'est passé.** Maan ogi wixii dhacay.

passe-temps *nom masculin invariable* Hiwaayad. **Quel est ton passe-temps ?** Waa maxay hiwaayaddaadu?

se plaindre *verbe pronominal* Cabo. **Je n'aime pas me plaindre.** Maan jecli inaan cawdo.

se pouvoir *verbe pronominal* Way suurtowdaa (lala isticmaalo *il*). **Il**

se peut qu'elle soit malade. Way suurtowdaa inay xanuunsan tahay.

se présenter *verbe pronominal* Soo bax (fursad). **Une opportunité s'est présentée.** Fursad ayaa soo baxday.

se produire *verbe pronominal* 1. Qabsoon. **La réunion se produira dans la salle de conférence.** Kulanku wuxuu ku qabsoomi doonaa qolka shirarka. 2. Dhac. **Un accident s'est produit sur la route menant au centre-ville.** Shil ayaa ka dhacay jidka taga bartamaha magaalada.

se promener *verbe pronominal* Soo socsoco. **Elle s'est promenée.** Way soo socsocotay.

passionnant, passionnante *adjectif* Xamaasad leh. **J'ai lu une histoire passionnante avant de dormir.** Waxaan akhriyay taariikh xamaasad leh ka hor hurdada.

pastèque *nom féminin* Xabxab, qare. **Où puis-je acheter de la pastèque?** Halkee baan xabxab ka iibsan karaa?

pâtes *nom feminin plural* Baasto. **Je préfère les pâtes au riz.** Baastada ayaan ka jeclahay bariiska. **Les pâtes sont faciles à préparer.** Baastada si fudud ayaa loo karin karaa.

patience *nom féminin* Dulqaad. **La patience est une vertu.** Dulqaadku waa wanaag.

patient, patiente *adjectif* Dulqaad-badan. **Elle est patiente.** Way dulqaad-badan tahay.

patient, patiente *nom* Bukaan. **Le médecin parle à un patient.** Dhakhtarku wuxuu la hadlayaa bukaan.

pâtisserie *nom féminin* Dukaan doolshe iibiya. **Quelle est votre pâtisserie préférée?** Dukaankee doolshaha iibiya baad ugu jeceshahay?

pauvre *adjectif* Sabool. **Les pays riches et les pays pauvres.** Dalalka hodanka ah iyo dalalka saboolka ah. **Un quartier pauvre.** Xaafad sabool ah.

pauvreté *nom féminin* Saboolnimo. **La pauvreté est un problème grave dans de nombreux pays du monde.** Saboolnimadu waa dhibaato weyn dalal badan adduunka.

payer *verbe transitif* 1. Bixi (lacag ama dayn lagugu leeyahay). **Il a payé la dette.** Wuu bixiyay deyntii. 2. Sii mushaar. **Il paie les employés.** Wuxuu mushaar siinayaa shaqaalaha. 3. Siiso. **J'ai payé cette voiture deux mille dollars.** Waxaan gaarigan siistay 2000 oo doollar.

pays *nom masculin* Dal. **Quels pays avez-vous visités jusqu'à présent?** Dalal kee ayaad booqatay ilaa hadda?

paysage *nom masculin* Qaabdhuuleed (qaab dhul u samaysan yahay). **Le paysage a changé au fil des années.** Qaab-dhuleedku wuu isbeddelay sanado badan.

paysan, paysanne *nom* Beeraley. **Le paysan travaille dur pour cultiver ses champs.** Ninka beeraleyda ah aad buu u shaqeeyaa si uu u falo beertiisa.

peau *nom féminin* Maqaar. **Elle a une peau douce.** Waxay leedahay maqaar jilicsan.

pêcher *verbe transitif* Kalluumayso. **Le matin est le meilleur moment pour pêcher.** Subaxnimadu waa waqtiga ugu wanaagsan oo la kalluumaysto.

peindre *verbe transitif* Rinjiyee. **Je vais peindre ma chambre.** Waxaan rinjiyayn rabaa qolkayga.

peine *nom féminin* 1. Dadaal. **Je vais mettre beaucoup de peine à terminer ce projet.** Waxaan samaynayaa dadaal badan si aan mashruucan u dhammaystiro. 2. Murugo. **Elle ressent une grande peine après la perte de son amie.** Waxay dareemaysaa murugo weyn kaddib geeridii saaxiibaddeed. 3. Ciqaab. **Une peine de prison.** Ciqaab xarig ah.

peinture *nom féminin* 1. Rinji. **Il reste de la peinture?** Miyuu wax rinji ah haray? 2. Sawir rinjiyeed (gacan lagu sameeyay). **Le riche va acheter une peinture pour cinquante mille euros.** Ninka hodanka ah wuxuu konton kun oo Yuuro ku iibsanayaa hal sawir-rinjiyeed.

pendant *préposition* 1. Muddo. **Je t'ai attendu pendant trois heures.** Waxaan ku sugay muddo seddex saac ah. 2. Inta lagu jiro. **Ils sont là pendant l'hiver.** Waxay joogaan halkan inta lagu jiro jiilaalka (qaboobaha).

penser *verbe transitif* 1. Malee. **Je pense qu'elle a raison.** Waxaan u malaynayaa inay saxan tahay. 2. Ka feker (lala isticmaalo *à*). **Je pense à mes examens.** Waxaan ka fekerayaa imtixaannadayda. .

perdre *verbe transitif* Lumi. **Je pense que j'ai perdu mes clés.** Waxaan u malaynayaa inaan lumiyay furayaashayda. **J'ai perdu mon chemin.** Waan lumay.

se perdre *verbe pronominal* Lun. **Je me suis perdu dans la forêt.** Waxaan ku lumay keynta.

père *nom masculin* Aabbe. **Son père habite à Afgooye.** Aabbihiis wuxuu ku nool yahay Afgooye.

période *nom féminin* 1. Waa. **La période de la Renaissance a été une période de grands changements.** Waagii Baraaruggu wuxuu ahaa casri isbeddello waaweyn. 2. Muddo. **J'ai travaillé sur ce projet pendant une période de six mois.** Waxaan mashruucan ka shaqeeyay muddo lix bilood ah.

périphérie *nom féminin* Duleed. **J'habite à la périphérie de Boosaaso.** Waxaan ku noolahay duleedka Boosaaso.

permettre *verbe transitif* 1. Oggolow. **Permettez-moi de partager mon expérience avec vous.** Ii oggolow inaan kula wadaago waaya-aragnimadayda. 2. Oggol. **Il n'est pas permis de boire d'alcool ici.** Lama oggola in khamri halkan lagu cabo.

permission *nom féminin* Oggolaansho. **L'homme a essayé d'entrer dans le bureau sans permission.** Ninku wuxuu isku dayay inuu xafiiska soo galo oggolaansho la'aan.

se permettre *verbe pronominal* Goo (iibsasho). **Nous ne pouvons pas nous permettre d'acheter une nouvelle voiture.** Maannu goyn karno inaannu gaari cusub soo iibsanno.

personnage *nom masculin* 1. Shaqsi, qof. **Charles de Gaulle est un grand personnage de l'histoire française moderne.** Charles de Gaulle waa shaqsi caan ka ah taariikhda casriga ah ee Faransiiska. 2. Shaqsiyad (sheeko/ruwaayad). **Le personnage principal du roman est un jeune homme qui quitte sa famille pour voyager.** Shaqsiyadda ugu muhiimsan ee qisada waa nin dhallinyaro ah oo ka tagaya qoyskiisa si uu u safro.

personne *pronom indéfini masculin singulier* Qofna. **Personne ne peut**

résoudre ce problème. Qofna muu xallin karo dhibaatadan.

personne *nom féminin* Qof. **Il y a quatre personnes à table.** Afar qof ayaa miiska jooga. **Il y avait huit personnes à la réunion.** Siddeed qof ayaa kulanka joogay.

personnel *nom masculin* Shaqaale. **Le directeur du personnel.** Agaasimaha shaqaalaha.

personnel, personnelle *adjectif* Gaar (u ah qof). **Il a reçu une lettre personnelle.** Wuxuu helay warqad gaar ah.

peser *verb transitif* 1. Miisaan. **Tu as pesé tes bagages ?** Miyaad miisaantay boorsooyinkaaga? 2. Ka fiirso (qofka waxa uu oranayo ama samaynayo). **Je dois peser mes mots.** Waa inaan ereyadayda ka fiirsado.

peser *verbe intransitif* Culeysku yahay. **Le colis pèse cinq kilos.** Baakaddu culeyskeedu waa shan kiilo.

petit, petite *adjectif* Yar. **Un petit cheval.** Faras yar. **Hibo habite une petite ville.** Hibo waxay ku nooshahay magaalo yar.

petit-déjeuner *nom masculin* Quraac. **Elle prend son petit-déjeuner.** Waxay cunaysaa quraacdeeda.

pétrole *nom masculin* Shidaal. **Beaucoup de pays importent de pétrole du Moyen-Orient.** Dalal badan waxay shidaal ka soo dhoofiyaan Bariga Dhexe.

peu *adverbe* 1. In yar. **Il mange peu.** In yar buu cunaa. 2. In yar oo... ah (lala isticmaalo *un...de*). **Un peu de gâteau.** In yar oo doolshe ah.

peuple *nom masculin* Dad. **Le peuple français.** Dadka Faransiiska.

peur *nom féminin* Cabsi (lala isticmaalo *avoir* si uu u yeesho macnaha *cabso*). **Il a peur des araignées.** Wuu ka cabsadaa caaracaarada. **Il a tremblé de peur.** Cabsi buu la jareeyay.

peut-être *adverbe* Laga yaabee, way suurtowdaa. **Il viendra peut-être demain.** Laga yaabee inuu berri iman doono.

pharmacie *nom féminin* **La pharmacie est-elle ouverte?** Miyuu farmashiyuhu furan yahay?

photographie *nom féminin* Sawir-qaadis. **La photographie est un art qui permet de capturer des images du monde réel.** Sawir-qaadistu waa fan oggolaanaya inaad qabato muuqaallada adduunka dhabta ah.

phrase *nom féminin* Weedh. **La phrase « Où est le chat? » est une phrase interrogative.** Weedha " Aaway bisaddu?" waa weedh weyddiimeed. **Cette phrase est difficile à comprendre.** Weedhan way adag tahay in la fahmo.

pièce *nom féminin* 1. Ruwaayad. **La nouveau pièce est-elle**

intéressante? Miyay ruwaayadda cusub xiise leedahay? 2. Qol. **Un appartement de trois pièces.** Guri weyn oo seddex qol ka kooban.

pied *nom masculin* Cag. **Mes pieds sont fatigués après avoir marché toute la journée.** Cagahaygu way daallan yihiin kaddib markaan socday maalintii oo dhan.

piège *nom masculin* Dabin. **Le chacal est tombé dans le piège.** Dawacadu waxay ku dhacday dabinka.

pierre *nom féminin* Dhagax. **L'homme a jeté une pierre sur la hyène.** Ninku wuxuu dhagax ku tuuray warabaaha.

piéton, piétonne *nom* Qof waddada socda. **Le piéton traversait la rue prudemment.** Qof ka waddada soconayay si feejignaan leh ayuu jidka uga gudbayay.

pile *nom féminin* Batari. **Une pile solaire.** Hal batari ku shaqeeya qorraxda.

pirate *nom masculin* Burcad-badeed. **Je lis un livre sur un pirate.** Waxaan akhrinayaa buug ku saabsan burcad-badeed. **Les pirates attaquent les navires marchands.** Burcadbadeedku waxay weeraraan maraakiibta ganacsiga.

piscine *nom féminin* Barkad. **Y a-t-il une piscine dans l'hôtel?** Miyay barkad lagu dabaasho ku taallaa hoteelka?

pistolet *nom masculin* Bastoolad. **Je n'ai pas un pistolet.** Maan lihi bastoolad.

place *nom féminin* 1. Barxad. **La place de la ville.** Barxadda magaalada. 2. Meel (wax la dhigo). **Cette armoire prend trop de place.** Armaajadan meel weyn bay qaadanaysaa. 3. Kursi (shineemo ama gole murti iyo madadaalo). **Il y a vingt places assises.** Labaatan kursi baa haray. 4. Kaalin (tartan). **La première place.** Kaalinta kowaad.

plage *nom féminin* Xeeb. **Je vais à la plage plus tard.** Waxaan tagayaa xeebta hadhow. **La plage est loin de chez moi.** Xeebtu way ka fog tahay gurigayga.

plainte *nom féminin* Cabasho. **Nous avons reçu une plainte de l'un de nos clients.** Mid ka mid ah macaamiisheenna ayaa cabasho noo soo diray.

plaire *verbe transitif* Cajabi. **Cette robe me plaît beaucoup, je vais l'acheter.** Dharkan aad ayuu ii cajabiyaa, waan iibsanayaa.

plan *nom masculin* 1. Khariidad (magaalo). **Est-ce que vous pouvez me montrer la gare sur le plan?** Miyaad saldhigga tareenka iga tusi kartaa khariidadda? 2. Qorshe. **Un plan financier.** Qorshe maaliyadeed.

planifier *verbe transitif* Qorshee. **Nous planifions nos vacances pour février.** Waxaannu qorshaynaynaa fasaxeenna Febraayo.

planter *verbe transitif* Beer. **Elle va planter des tomates.** Waxay beeraysaa yaanyo.

plastique *adjectif* Caag ah. **Les bouteilles en plastique sont un grand problème pour l'environnement.** Dhallooyinka caagga ah waxay dhibaato weyn ku yihiin deegaanka.

plat *nom masculin* Cunto (tusaale qeybta ka horreysa macmacaanka ama miraha). **Le premier plat.** Cuntada kowaad.

plein, pleine *adjectif* Buux. **La valise est pleine de livres.** Shandadda waxaa ka buuxa buugag.

pleurer *verbe intransitif* Oy. **Tu as les yeux rouges, as-tu pleuré?** Indhahaagu way cas yihiin, miyaad oysay?

pleuvoir *verbe intransitif* Da' (roob). **Il pleut abondamment depuis ce matin.** Roob badan baa ilaa saaka da'aya.

pluie *nom féminin* Roob. **Jour de pluie.** Maalin roob.

plupart *nom féminin* Badankood (*la ayaa* ka horreysa ereyga). **La plupart de mes amis ont vu ce film.** Saaxiibbaday badankood way daawadeen filinkan.

plus *adverbe* 1. Ma...hadda. **Elle ne travaille plus ici.** May ka shaqayso halkan hadda. 2. Maba. **Je ne veux plus rencontrer le manager.** Maba aan doonayo inaan la kulmo maamulaha. 3. In badan. **Est-ce que tu travail plus?** Miyaad shaqaysaa in badan? 4. Ugu (lala isticmaalo *la/le/les*). **Le plus grand château est dans ma ville.** Qalcadda ugu weyn waxay ku taallaa magaaladayda. 5. Ka weyn/ ka badan (lala isticmaalo *de... que*) . **Elle a quatre ans de plus que moi.** Waxay iga weyn tahay afar sano. 6. Yara. **C'est plus loin.** Way yara fog tahay (meel).

plus *conjonction* Ku dar. **Quatre plus trois égale sept.** Afar lagu daray seddex waxay la mid tahay toddoba.

plusieurs *adjectif* Dhowr. **Je t'ai appelé plusieurs fois.** Waxaan ku soo wacay dhowr mar .

plutôt *adverbe* 1. Yara. **L'eau est plutôt chaude.** Biyuhu way yara kulul yihiin. 2. U roon (waxa qof samaynayo ama inuu sameeyo ay tahay). **J'apprends plutôt une nouvelle compétence.** Waxaan baranayaa oo ii roon xirfad cusub.

pneu *nom masculin* Shaag. **J'ai changé le pneu crevé de ma voiture toute seule.** Waxaan beddelay shaaggii banjaray ee gaarigayga keligay.

poche *nom féminin* Jeeb. **J'ai mis mon téléphone portable dans ma poche pour ne pas le perdre.** Waxaan geliyay telefoonkayga gacanta jeebka si aanan u luminin.

poisson *nom masculin* Kalluun. **Marchand de poisson.** Kalluun iibiye.

poitrine *nom féminin* Laab, shaf. **La poitrine se situe entre le cou et l'abdomen.** Laabtu waxay ku taallaa qoorta iyo caloosha dhexdooda.

poivre *nom masculin* Basbaas. **J'aime mettre du poivre sur mes plats pour relever le goût.** Waxaan jeclahay inaan basbaas ku daro cuntooyinkayga si aan u kobciyo dhadhanka.

poli, polie *adjectif* 1. Edeb leh. **Un enfant poli.** Ilmo edeb leh. 2. Edeb ka muuqato (hadal ama dhaqan). **Une demande polie.** Codsi edeb ay ka muuqato.

police *nom féminin* Boolis. **La police a arrêté un suspect dans l'affaire de cambriolage.** Boolisku wuxuu jabsigii guriga u xiray tuhmane.

politique *nom féminin* Siyaasad. **Il se spécialise en sciences politiques.** Wuxuu ku xeel-dheer yahay cilmiga siyaasadda.

pomme *nom féminin* Tufaax. **Je mange une pomme.** Waxaan cunayaa hal tufaax.

pomme de terre *nom féminin* Baradho. **J'adore manger des frites de pomme de terre.** Waxaan jeclahay inaan cuno baradho la shiilay.

pont *nom masculin* Buundo. **Nous avons traversé le pont pour aller à l'autre rive.** Waxaannu ka gudubnay buundada si aannu u tagno daanta kale.

porc *nom masculin* 1. Nooc hilib doofaar ah. **Elle ne mange pas de porc.** May cunto hilib doofaar. 2. Doofaar (waa jamac markan: *porcs*). **Marcel élève des porcs.** Marcel wuxuu dhaqdaa doofaarro.

porte *nom féminin* Albaab. **Est-ce que je peux utiliser cette clé pour ouvrir la porte?** Miyaan furahan u isticmaali karaa inaan albaabka furo?

portefeuille *nom masculin* Boorsada jeebka. **Mon portefeuille a été volé à la gare ce matin.** Boorsadaydii jeebka saaka ayaa saldhigga tareenka lagu xaday.

porter *verbe transitif* 1. Sid. **Il porte une valise.** Wuxuu sidaa shandad. 2. Xiran, sido (dhar). **Elle porte une nouvelle jupe.** Waxay xiran tahay goonno cusub.

possible *adjectif* Suurtaggal ah. **C'est une solution possible.** Waa xal suurtaggal ah.

poste *nom féminin* Boosto. **Où est la poste plus proche?** Waa halkee boostada ugu dhow?

pouce *nom masculin* Suul (gacanta). **Mon pouce et mon doigt.** Suulkayga iyo fartayda.

poulet *nom masculin* Digaag. **Ma mère a préparé du poulet grillé pour le dîner ce soir.** Hooyaday waxay casho ahaan caawa u diyaarisay digaag la dubay.

pour *préposition* 1. U. **On achète un cadeau pour son anniversaire.** Waxaannu u soo iibinaynaa hadiyad maalinta dhalashadiisa awgeed. 2. (Loo isticmaalo lahaansho). **Pour moi.** Kayga/tayda. **Pour l'heure.** Waqtigan la joogo.

pourquoi *adverbe interrogatif* Maxaa. **Pourquoi es-tu en retard?** Maxaad u soo daahday?

poursuivre *verbe transitif* 1. Eryo. **La police a poursuivi le voleur.** Boolisku wuxuu eryaday tuugga. 2. Sii wado (hawl iwm). **Je veux poursuivre mem études à l'université.** Waxaan doonayaa inaan sii wato waxbarashadayda jaamacadda. 3. Dacwad ku soo oog. **L'homme a été poursuivi pour vol.** Waxaa ninka lagu soo oogay dacwad xatooyo awgeed.

pourtant *adverbe* 1. Hase ahaatee. **Tout a l'air de bien se passer, pourtant il est inquiet.** Wax kasta inay fiican yihiin baa la moodaa, hase ahaatee wuu welwelsan yahay. 2. Sidaas oo tahayna, weliba. **Abshir**

est pourtant généreux. Sidaas oo ay tahayna Abshir waa deeqsi.

pousser *verb transitif* Riix. **Nous devons pousser la voiture.** Waa inaannu gaariga riixno.

pouvoir *verbe transitif* 1. Kar. **Pouvez-vous revenir au bureau?** Miyaad ku noqon kartaa xafiiska? 2. (La isticmaalo marka wax la codsanayo.) **Pouvons-nous partir à seize heures?** Miyaannu bixi karnaa afarta?

pouvoir *nom masculin* 1. Awood (qof). **Il n'a pas le pouvoir de prédire l'avenir.** Muu laha awood uu ku saadaaliyo mustaqbalka. 2. Awood (maamul). **Le maire a beaucoup de pouvoir.** Duqa Magaaladu wuxuu leeyahay awood badan.

précieux, précieuse *adjectif* 1. Qiime badan leh. **Une pierre précieuse.** Dhagax qiime badan leh. 2. Waxtar aan la soo koobi karin leh. **Il m'a donné un conseil précieux.** Wuxuu i siiyay talo waxtar aan la soo koobi karin leh.

préférer *verbe transitif* 1. Jecel (wax kala doorasho). **Préférez-vous le thé ou le café?** Miyaad jeceshahay shaah mise qaxwe? 2. Ka doorbid (lala isticmaalo *à la/ au/aux*). **Je préfère le thé au café.** Waxaan shaaha ka doorbidaa (ka jeclahay) qaxwe.

premier, première *adjectif numéral ordinal* Kowaad. **Le premier jour.**

Maalinta kowaad. **La première fois.** Marka kowaad.

prendre *verbe intransitif* 1. Qaado. **Elle a pris mon livre.** Waxay qaadatay buuggayga. 2. Cun. **Je vais prendre du riz.** Waxaan cunayaa bariis. 3. Qaad (sawir). **Pouvez-vous prendre ma photo?** Miyaad sawir iga qaadi kartaa?

prénom *nom masculin* Magaca kowaad (ee qof). **Quel est votre prénom?** Waa maxay magacaaga kowaad?

préoccupation *nom féminin* Wax maskaxda lagu hayo. **La sécurité des enfants est notre préoccupation.** Badqabka carruurta waa wax aannu maskaxda ku hayno.

préparer *verbe transitif* 1. Kari. **Je vais préparer le dîner.** Waxaan karinayaa cashada. 2. Samee (cabitaan) **Elle a préparé le café.** Waxay samaysay qaxwaha. 3. Isu diyaari. **Je prépare mon examen d'histoire.** Waxaan isu diyaarinayaa imtixaankayga taariikhda.

près de *adverbe* U dhow. **Il y a un coiffure pour hommes près de l'arrêt de bus.** Rayisle (timajare) ragga ayaa u dhow astaanka basaska.

présence *nom féminin* Joogis. **La présence de ses parents lui donne de la confiance.** Joogista waalidkiis baa kalsooni isaga siisa.

présent, présente *adjectif* 1. Joog. **Elle n'était pas présente à la fête.** May joogin xafladda. 2. La joogo (waqti). **Le présent temps.** Waqtigan la joogo.

présentation *nom féminin* Bandhig. **L'entreprise a organisé une présentation de ses nouveaux produits.** Shirkaddu waxay abaabushay bandhig ku saabsan alaabaheeda cuscusub.

présenter *verbe transitif* 1. Bar (dad isku cusub). **Je vais présenter mon ami à ma famille.** Waxaan saaxibkay barayaa qoyskayga. 2. Soo bandhig. **Le professeur a présenté un nouveau concept à ses étudiants.** Baruhu wuxuu aragti cusub u soo bandhigay ardaydiisa. 3. Horgee (maxkamad). **Le coupable a été présenté à la justice.** Tuhmanaha waxaa la horgeeyay caddaaladda. 4. Guddoonsii. **Le prix a été présenté au gagnant.** Guuleystaha waxaa la guddoonsiiyay abaalmarinta.

président, présidente *nom* Madaxweyne. **Le président français habite à Paris.** Madaxweynaha Faransiisku wuxuu ku nool yahay Baariis.

présider *verbe transitif* Guddoomi (lala isticmaalo *à*). **Samatar préside à la réunion.** Samatar ayaa guddoominaya kulanka.

presque *adverbe* 1. Ku dhow (waqti). **Il est presque sept heures.** Waxay ku dhowdahay toddobadii. 2. Gaar. **J'ai presque raté le train de six heures.** Waxaan seegi gaaray tareenka lixda.

pressé, pressée *adjectif* 1. Degdegsan. **Je ne peux pas rester, je suis pressée.** Maan sii joogi karo, waan degdegsanahay. 2. Degdeg ah (hawl/wax). **Une lettre pressée.** Warqad degdeg ah.

prêt, prête *adjectif* Diyaar. **Le petit déjeuner est prêt.** Quraacdu waa diyaar. **Tu est prête?** Miyaad tahay diyaar?

prêter *verbe transitif* Amaahi. **Je peux te prêter de l'argent.** Waan ku amaahin karaa lacag.

preuve *nom féminin* Caddayn. **Les enquêteurs ont présenté des preuves solides contre le suspect.** Baarayaashu waxay soo bandhigeen caddaymmo sugan (adag) oo ku saabsan tuhmanaha.

prévenir *verbe transitif* 1. U dig. **Je te préviens.** Waan kuu digayaa. 2. Ka hortag. **Nous allons prendre des mesures pour prévenir les accidents.** Waxaannu qaadaynaa tallaabooyin aannu kaga hortagayno shilalka. 3. Sii arag (wax dhici doona). **Je n'ai pas pu prévenir cette situation.** Maan sii arki karin xaaladdan.

prévoir *verbe transitif* 1. Qorshee. **Je prévois de partir en vacances cet été.** Waxaan qorsheynayaa inaan fasax-tago xagaagan. 2. Saadaali. **Les météorologues prévoient des pluies torrentielles dans la région.** Cimilo-aqoodku wuxuu saadaalinayaa roobab badan gobolka. 3. Fil. **Je n'avais pas prévu que ce serait si difficile.** Maan filaynin inay aad u dhib badnaanayso.

prier *verbe intransitif* Tuko. **Je prie cinq fois par jour.** Waxaan tukadaa shan jeer maalintii.

prince *nom masculin* Amiir. **Le prince a un château.** Amiirku wuxuu leeyahay qalcad.

princesse *nom féminin* Amiirad. **La princesse possède un château près de la mer.** Amiiraddu waxay leedahay qalcad u dhow badda.

printemps *nom masculin* Gu'. **Le printemps est ma saison préférée.** Gugu waa xilliga aan ugu jeclahay.

privé, privée *adjectif* 1. Gaar. **Ma vie privée.** Noloshayda gaarka ah. 2. Gaar loo leeyahay. **La propriété privée.** Hantida gaarka loo leeyahay.

prix *nom masculin* Sicir. **Le prix d'une marchandise.** Sicirka badeecad.

problème *nom masculin* 1. Dhibaato. **Quel est le problème?** Waa maxay dhibaatadu? 2. Dhib. **Pas de problème.** Dhib ma laha (ma dhibsanin). 3. Su'aal xisaab ku saabsan oo laga shaqaynayo. **Un problème mathématique.** Mas'alo xisaabeed.

prochain, prochaine *adjectif* Dambe, soo soco (waqti). **Il arrivera à Boosaaso la semaine prochaine.** Wuxuu iman doonaa Boosaaso toddobaadka soo socda.

proche *adjectif* 1. Dhow. **Saynab habite dans un village proche.** Saynab waxay ku nooshahay tuulo dhow. 2. U dhow (lala isticmaalo *être... de la/ du/ des*). **La pharmacie est proche du magasin.** Farmashiyuhu wuxuu u dhow yahay dukaanka. 3. Soo dhow. **Les vacances scolaires sont proches.** Fasaxa dugsiyadu wuu soo dhow yahay.

proche *nom masculin* Qaraabo. **Mes proches vivent à Afgooye.** Qaraabadayda ayaa ku nool Afgooye.

produire *verbe transitif* 1. Soo saar (qoraal). **L'auteur produit un livre tous les six mois.** Qoruhu wuxuu soo saaraa buug lixdii biloodba. 2. Dhal (geed). **Cet arbre produit des fruits.** Geedkani wuxuu dhalaa miro. 3. Ka soo bax (qof). **Cette ville a produit des footballeurs célèbres.** Magaaladan waxaa ka soo baxay ciyaaryahanno kubbadda cagta oo caan ah.

produit *nom masculin* 1. Alaab (la soo saaray oo iib ah). **Ce produit**

est de bonne qualité. Alaabtan tayo wanaagsan ayay leedahay. 2. Wax-soo-saar, waxa dhulka ka baxa (dalagyo iwm). **Le produit de la terre est important pour l'économie.** Wax-soo-saarka dhulka ayaa muhiim u ah dhaqaalaha. 3.Dalag (soo go'ay). **Les agriculteurs locaux vendent des produits frais au marché.** Beeraleyda tuuladu waxay dalagyadooda soo go'ay ku iibiyaan suuqa. 4. Taran (xisaab). **Le produit de la multiplication de 2 par 3 est 6.** Taranta isku dhufashada 2 iyo 3 waa lix.

professeur, professeure *nom* Bare. **Le professeur écrit son nom sur le tableau noir.** Baruhu wuxuu magaciisa ku qoray sabbuuradda.

profession *nom féminin* Shaqo, mihnad. **Quelle est la profession de votre père?** Waa maxay shaqada aabbahaa?

promenade *nom féminin* Soo soc-soco (lala isticmaalo *faire*). **Je vais faire une promenade.** Waan soo socsoconayaa.

promener *verbe transitif* Socodsii. **Martin promène son chien tous les jours.** Martin wuu socodsiiyaa eygiisa maalin kasta.

propos *nom masculin pluriel* Hadallo. **Je ne suis pas d'accord avec tes propos.** Maan kugu raacsani hadalladaada.

propos *nom masculin* Ujeeddo. **Là n'est pas mon propos.** Taasi ujeeddadayda ma aha (taas kama wado). **à propos de...** ku saabsan. **C'est à propos le plan éducatif.** Wuxuu ku saabsan yahay qorshaha waxbarasho.

propre *adjectif* 1. Nadiif ah. **Le bureau est propre.** Xafiisku waa nadiif. **Une chambre propre.** Qol nadiif ah. 2. Erey lahaansho muujiya. **Ma propre voiture.** Gaarigayga.

propriétaire *nom masculin* Milkiile. **Le propriétaire de cette maison veut la vendre.** Milkiilaha gurigan ayaa doonaya inuu iska iibiyo.

propriété *nom féminin* Guri. **Une petite propriété.** Guri yar.

protéger *verbe transitif* Dhowr. **Nous devons prendre des mesures nécessaires pour protéger l'environnement.** Waa inaannu qaadno tallaabooyin loo baahan yahay si aannu u dhowrno deegaanka.

prouver *verbe transitif* Caddee. **Pour prouver mon innocence, j'ai présenté des preuves solides.** Si aan u caddeeyo dambi-la'aantayda, waxaan soo bandhigay caddayn adag.

publicité *nom féminin* Iidheh, xayaysiin. **Jamaad travaille dans la publicité.** Jamaad waxay ka shaqaysaa xayaysiinta.

puis *adverbe* Kaddib. **Il s'est levé tôt puis a envoyé un message à son**

manager. Wuu toosay goor hore oo farriin u diray maamulihiisa. **Je vais prendre une douche d'abord, puis je vais regarder la télévision.** Waan qubaysanayaa marka hore, kaddib waxaan daawan doonaa telefishinka.

puisque *conjonction* 1. Sababtoo ah. **Je ne peux pas aller au marché plus tard, puisque j'attends mon père.** Maan tagi karo suuqa hadhow, sababtoo ah waxaan sugayaa aab-bahay. 2. Maadaama. **Puisque tu ne veux pas me prêter ta voiture, je vais prendre un taxi.** Maadaama aadan rabin inaad i amaahiso gaarigaaga, waxaan qaadanayaa taxi. 3. Waayo. **Je ne peux pas venir puisque je suis trop occupé.** Maan iman karo waayo aad baan u mashquulsanahay.

puissant, puissante *adjectif* Awood badan. **Le moteur de cette voiture est très puissant.** Motoorka gaari-gan aad buu u awood badan yahay.

punir *verbe transitif* Ciqaab. **La justice punit les coupables.** Caddaaladdu way ciqaabtaa dambiilayaasha.

Q

quai *nom masculin* Taag, meesha tareenka uu ka baxo. **Le train à huit heures quitte le quai trois en cinq minutes.** Tareenka siddeedda ayaa ka baxaya taagga seddexaad shan daqiiqadood gudahood.

qualifié, qualifiée *adjectif* Aflaxay, aflaxday. **Elle est une médicin qualifiée.** Iyadu waa dhakhtarad aflaxday.

se qualifier *verbe pronominal* U gudub (ciyaaraha). **Horseed s'est qualifiée pour la finale.** Horseed waxay u gudubtay ciyaarta kama-dambaysta ah.

qualité *nom féminin* Tayo. **La qualité de la nourriture est excellente.** Tayada cuntadu waa heer sare.

quand *adverbe interrogatif* Goorma. **Quand est-ce qu'il est allé à Kismaayo?** Goormuu tagay Kismaayo?

quand *conjonction* Marka, goorta. **Quand je suis fatigué, j'aime dormir.** Marka aan daallanahay waxaan jeclahay inaan seexdo.

quant à *préposition* Ku saabsan (lala isticmaalo *à/au*). **Quant à Aweys, je lui prêterai ma voiture.** Aweys, gaarigeyga ayaan isaga amaahin doonaa. **Quant à moi, je suis prêt à partir.** Dhankayga, diyaar baan ahay inaan baxo.

quantité *nom féminin* Tiro. **La police a trouvé une petite quantité de biens volés dans la maison du suspect.** Booliska ayaa tiro yar oo alaab la soo xaday ka helay guriga tuhmanaha.

quart *nom masculin* Rubac, rubi. **Un quart d'heure.** Rubi saac (15 daqiiqadood).

quartier *nom masculin* Xaafad. **Elle habite dans un quartier tranquille.** Waxay ku nooshahay xaafad deggan.

que *adverbe* 1. Ka (loo isticmaalo isbarbardhigista). **Il est plus grand que son frère.** Wuu ka dheer yahay walaalkiis. 2. In. **Je sais que tu vas au marché.** Waan ogahay inaad tagayso suuqa.

que *pronom interrogatif* 1. Maxaa. **Qu'y a-t-il?** Maxaa jira? 2. Waa maxay... (lala isticmaalo *qu'est-ce*...) **Qu'est-ce que la loi?** Waa maxay sharcigu?

que *pronom relatif* Oo. **L'homme que j'ai vu.** Ninka (oo) aan arkay. 2. Qofka. **C'est Sugaal que l'a vu.** Waa Sugaal qofka isaga arkay.

quel *adjectif interrogatif et adjectif exclamatif* 1. -ee/-kee/-hee/-gee/-cee. **Quel stylo?** Qalinkee? 2.Loo isticmaalo la yaabka **Quel vélo!** Bushkuleeti iga dheh!

quelle *adjectif interrogatif et adjectif exclamatif*, -tee/-dee. **Vous habitez dan quelle ville?** Magaaladee baad ku nooshahay? 2. **Quelle voiture!** Gaari iga dheh!

quelqu'un *pronom* 1. Cid. **Quelqu'un frappe à la porte.** Cid baa albaabka garaacaysa. 2. Qof. **Il y a quelqu'un**

à la porte, je vais voir qui c'est. Qof baa albaabka taagan, waan eegayaa qofka uu yahay.

quelque chose *pronom indéfini masculin* Wax. **Je voudrais quelque chose de moins cher.** Waxaan jeclaan lahaa wax (ka) jaban.

quelque part *adverbe* Meel gaar ah. **Tu vas quelque part à aïd?** Miyaad meel gaar ah tagaysaa Ciidda?

quelque *adverbe* 1. Xoogaa. **Je habite à quelque distance d'ici.** Waxaan ku noolahay meel masaafo xoogaa ah u jirta halkan. **2.** Kii/tii. **Quelque livre qu'il choisisse est disponible à la bibliothèque.** Buuggii uu doorto waxaa laga heli karaa maktabadda. 3. In yar. **J'ai acheté quelques livres.** Waxaan soo iibsaday in yar oo buugaag ah. 4. Qaar. **J'ai quelques amis à Marka.** Qaar saaxiibbaday ah ayaan ku leeyahay Marka.

question *nom féminin* Su'aal. **J'ai une question.** Waxaan qabaa su'aal.

qui *pronom relatif* Qofka. **C'est Bashiir qui l'a vu.** Waa Bashiir qofka isaga arkay.

qui *pronom interrogatif* 1. Yaa. **Qui a téléphoné?** Yaa telefoon soo diray? **Qui l'a rencontré?** Yaa isaga la kulmay? 2. Yaad, yay, yuu, yaannu. **Qui as-tu rencontré?** Yaad la kulantay? **De qui parle-t-il?** Yuu ka hadlayaa?

quiconque *pronom relatif* Qofkii. **Quiconque vient au bureau demain sera en vacances la semaine prochaine.** Qofkii berri xafiiska yimaada ayaa toddobaadka dambe fasax tagi doona.

quitter *verbe intransitif* Ka bax. **Je quitte la maison à six heures.** Waxaan guriga ka baxayaa lixda.

quoi *pronom interrogatif* Maxaa. **À quoi penses-tu?** Maxaad ka fekeraysaa? **Quoi de neuf?** Maxaa cusub?

quotidien, quotidienne *adjectif* Maalmeed. **La vie quotidienne.** Nolol maalmeedka.

quotidien *nom masculin* Wargeys maalinle ah. **Le Figaro est un quotidien.** *Le Figaro* waa wargeys maalinle ah.

R

raccourcir *verbe transitif* Gaabi (wax/safar/waqti). **Le tailleur peut-il raccourcir la jupe de 4 pouces?** Miyuu dawaarku gaabin karaa goonnada afar inji?

raconter *verbe transitif* Sheeg (sheeko ama dhacdo). **Raconte-moi ce qui s'est passé.** Ii sheeg wixii dhacay.

raisin *nom masculin* Canab. **J'ai acheté des raisins au marché.** Waxaan canab ka soo iibsaday suuqa.

raison *nom féminin* 1. Sabab. **Vous allez en Italie pour des raisons commerciales?** Miyaad Talyaaniga u aadaysaa sababo ganacsi? **Il n'y a aucune raison de s'inquiéter.** Maba jirto sabab loo welwelo. 2. Caqli. **La raison humaine.** Caqliga aadamiga. 3. Saxan (lala isticmaalo *avoir*). **Tu as raison.** Waad saxan tahay.

ramasser *verbe transitif* 1. Soo qaad (wax dhulka yaalla). **Il a ramassé une pièce.** Wuxuu dhulka ka soo qaaday lacag maar ah. 2. Gur. **Elle ramasse des feuilles sur le sol.** Waxay dhulka ka guraysaa caleemmo. 3. Soo qaad qof. **Je ramasse mon fils à l'école.** Waxaan wiilkayga ka soo qaadayaa dugsiga.

rang *nom masculin* 1. Darajo. **Guuleed a le rang de capitaine dans l'armée.** Guuleed darajadiisu waa dhamme ciidanka xoogga. 2. Saf (gudub ah). **J'ai réservé une place au premier rang pour le concert.** Kursi ayaan ka qabsaday safka hore ee googooska (kunsheertada).

ranger *verbe transitif* 1. Xeree. **Tu peux jouer avec tes jouets mais n'oublie pas de les ranger après.** Waad ku ciyaari kartaa alaab-ciyaareedkaaga laakiin ha illoobin inaad xereyso (ciyaarta) kaddib. 2. Hagaaji, habee (qol). **Je vais ranger ma chambre.** Waxaan hagaajinayaa qolkayga hurdada.

rapide *adjectif* 1. Dheeree (gaadiid ama xayawaan). **Un cheval rapide.** Faras dheereeya. 2. Degdeg. **Une réponse rapide.** Jawaab degdeg ah.

rapidement *adverbe* Si degdeg ah. **Je crois que nous devons prendre une décision rapidement.** Waxaan aamminsanahay inay tahay inaannu go'aan u qaadanno si degdeg ah.

rappeler *verbe transitif* Xusuusi. **Mon frère m'a rappelé la date de la réunion.** Walaalkay ayaa i xusuusiyay taariikhda kulanka.

se rappeler *verbe pronominal* Xusuuso. **Je me rappelle encore très bien de notre rencontre il y a dix ans.** Waxaan weli si fiican u xusuustaa kulankeennii toban sanad ka hor.

rapport *nom masculin* 1. Warbixin. **J'écris un rapport.** Waxaan qorayaa warbixin. 2. Xiriir (laba wax ka dhexeeya). **Y a-t-il un rapport entre ces faits?** Miyay xaqiiqooyinkani xiriir leeyihiin?

rarement *adverbe* Dhifdhif. **Il mange rarement de la viande.** Dhifdhif buu hilib cunaa.

rater *verbe transitif* 1. Seeg. **J'ai presque raté le bus de onze heures.** Waan seegi gaaray baska kow iyo tobanka. 2. Ku dhac (imtixaan). **Il a raté son examen scientifique.** Wuu ku dhacay imtixaankiisa sayniska.

récemment *adverbe* Dhowaan. **Récemment, il est revenu d'un voyage de trois mois aux États-Unis.** Dhowaan, wuxuu ka soo noqday safar seddex bilood Maraykanka.

récent, récente *adjectif* Ugu dambee (dhacdo). **Les récents événements politiques.** Dhacdooyinkii ugu dambeeyay ee siyaasadda.

recette *nom féminin* 1. Hab cunto samayn. **Elle a partagé avec nous une recette de soupe au poulet.** Waxay nala wadaagtay habka loo sameeyo maraq digaag. 2. Dakhli ganacsi. **Le gérant met la recette du jour dans le coffre-fort.** Maamulaha ayaa lacag maalmeedka (soo xerootay) ku riday qasnadda lacagta.

recevoir *verbe transitif* Hel (warqad). **Elle a reçu une lettre.** Waxay heshay warqad. **J'ai reçu un colis de mes parents aujourd'hui.** Waxaan maanta ka helay waalidkay xirmo (baakad alaab ku jirto).

recherche *nom féminin* Cilmibaaris. **La recherche scientifique est essentielle pour faire avancer la société.** Cilmibaarista saynisku waxay muhiim u tahay horumarka bulshada.

récit *nom masculin* Sheeko. **J'ai écrit un récit sur mon expérience de voyage en Somalie.** Waxaan qoray sheeko ku saabsan waaya-aragni-madayda safarkii Soomaaliya.

récompenser *verbe transitif* Abaal-mari. **Votre patience a été récompensée.** Dulqaadkaaga waa la abaalmariyay.

reconduire *verbe transitif* 1. Cusboonaysii (heshiis/muddo-xileed). **L'entreprise a décidé de reconduire le contrat avec son fournisseur actuel en raison de la qualité de ses produits.** Shirkaddu waxay go'aansatay inay cusboonaysiiso heshiiska iibiyaha hadda tayada alaabtiisa awgeed. 2. Sii dhowee. **Je reconduis mon ami à la gare.** Waxaan saaxiibkay u sii dhoweynayaa saldhigga tareenka.

reconnaître *verbe transitif* 1. Garawso, qaado (gef). **J'ai reconnu mon erreur.** Waan qaatay gefkayga. 2. Garo (qof). **Elle ne m'a pas reconnu.** Iyadu may i garanin.

recueillir *verbe transitif* 1. Ururso. **Une abeille recueille le pollen sur les fleurs.** Shinni waxay manka ka ururaataa ubaxa. 2. Ku soo urur (biyo). **Le petit lac recueille l'eau de pluie.** Laago yar oo biyaha roobku ku soo ururaan.

rédiger *verbe transitif* Qor. **Je vais rédiger un rapport détaillé pour présenter mes conclusions.** Waxaan qorayaa warbixin faah-faahsan si aan u soo bandhigo waxyaabaha aan ogaaday.

réduire *verbe transitif* Yaree. **L'éducation est essentielle pour réduire l'ignorance et favoriser la tolérance.** Waxbarashadu waxay muhiim u tahay yaraynta aqoon-darrada iyo kobcinta dulqaadka.

réel, réelle *adjectif* Dhab **Le personnage principal du roman est-il réel?** Miyay shaqsiyadda muuhimka ah ee qisada qof dhab ah tahay?

réfléchir *verbe transitif* Soo celi iftiin. **Est-ce qu'un miroir reflète les rayons lumineux?** Miyay muraayad soo celisaa fallaaraha iftiinka?

réfléchir *verbe transitif indirect* Ka fiirso. **Il faut réfléchir avant d'agir.** Waa inaad ka fiirsato inta aadan wax samaynin.

réfugié réfugiée *nom* Qaxooti. **Jibriil est un réfugié qui parle peu français.** Jibriil waa qaxooti ku hadla in yar oo Faransiis ah.

refuser *verbe intransitif* Diid. **Il n'a pas refusé d'assister à la réunion.** Muu diidin inuu ka qeybgalo kulanka.

regarder *verbe transitif* 1. Eeg. **Elle regarde la photo de son père.** Waxay eegaysaa sawirka aab-baheed. 2. Ka eeg (lala isticmaalo *dans*) **Il regarde un mot dans le dictionnaire.** Wuxuu erey ka eegayaa qaamuuska. 3. Daawo. **Je regarde**

la télévision. Waxaan daawanayaa telefishinka.

règle *nom féminin* 1. Xeer. **Chaque personne doit se conformer à les règles de l'école.** Qof kasta waa inuu u hoggaansamo xeerarka dugsiga. 2. Mastarad. **Je peux emprunter ta règle?** Miyaan amaahan karaa mastaraddaada?

régler *verbe transitif* 1. Bixi. **Je peux régler l'addition.** Waan bixin karaa lacagta lagu cunteeyey (biilka). 2. Dhammee (dhibaato ama colaad). **Le médiateur a réglé le conflit.** Dhexdhexaadiyuhu wuu dhammeeyey colaadda.

régulièrement *adverbe* Si joogto ah. **C'est important de faire de l'exercice régulièrement.** Waa muhiim in si joogto jimicsi loo sameeyo.

reine *nom féminin* Boqorad. **La reine est mariée au roi.** Boqoraddu waxay u dhaxdaa boqorka.

rejeter *verbe transitif* Ku gacansayr. **Elle a rejeté ma idée.** Way ku gacansayrtay fikraddayda. **Le directeur a rejeté ma suggestion.** Maamuluhu wuu ku gacansayray soo jeedintayda.

relation *nom féminin* Xiriir. **Je n'ai aucune relation avec mes camarades de classe de l'école secondaire.** Maan la lihi xiriir innaba ardaydaydii aannu isku fasalka ahayn dugsigii sare?

se relever *verbe pronominal* Soo kac (kufid kaddib). **Je suis tombé, mais je me suis relevé aussitôt.** Waa dhacay laakiin judhiiba (isla markiiba) waan soo kacay.

religion *nom féminin* Diin. **Quelle religion pratique-t-elle?** Diintee ayay ku dhaqantaa?

remercier *verbe transitif* Mahadceli. **Je voudrais te remercier pour ton aide.** Waxaan doonayaa inaan kaaga mahadceliyo caawintaada.

remettre *verbe transitif* 1. Ku celi wax meel. **Elle a remis la montre où elle l'a trouvée.** Waxay saacadda ku celisay meeshii ay ka heshay. 2. Dib u xiro, dib u gasho. **J'ai remis ma chemise après avoir nageé dans la mer.** Waxaan dib u gashaday shaatigayga kaddib markaan ku dabaashay badda.

se remettre *verbe pronominal* 1. Soo kabo. **Je suis en train de me remettre de mon rhume.** Waan ka soo kabanayaa hargabkaygii. 2. Dib ugu noqo (hawl ama caadaysi). **Nous devons nous remettre au travail après les vacances.** Waa inaannu dib ugu noqonno shaqada fasaxa kaddib.

remplacer *verbe transitif* Beddel. **Un pneu doit être remplacé.** Waa in la beddelo hal shaag.

remplir *verbe transitif* 1. Buuxi (foom) **Je remplis mon formulaire.** Waxaan buuxinayaa foomkayga. 2.

Ka Buuxi (lala isticmaalo *de*). **Elle remplit la bouteille d'eau.** Waxay biyo ka buuxinaysaa dhalada.

remporter *verbe transitif* Guuleyso. **Qu'est-ce que l'équipe peut faire pour remporter le match?** Maxay kooxdu samayn kartaa si ay ciyaarta ugu guuleysato?

rencontrer *verbe transitif* La kulan. **Elle espère rencontrer son professeur pour discuter de son projet.** Waxay rajaynaysaa inay la kulanto baraheeda si ay ugala hadasho mashruuceeda.

se rencontrer *verbe pronominal* Kulan. **Ils se sont rencontrés à la gare.** Waxay ku kulmeen saldhigga tareenka.

rendez-vous *nom masculin* Ballan. **Je voudrais prendre un rendez-vous.** Waxaan jeclaan lahaa inaan ballan qabsado.

rendre *verbe transitif* 1. Celi. **Je vais rendre deux livres à la bibliothèque.** Waxaan labo buug ku celinayaa maktabadda. 2. Soo celi (sarrif). **Il m'a rendu huit dollars.** Wuxuu ii soo celiyay siddeed doollar.

se rendre *verbe pronominal* 1. Is dhiib. **Le suspect s'est rendu à la police.** Tuhmanuhu wuxuu isu dhiibay booliska. 2. Ambabax. **L'équipe va se rendre aux États Unis.** Kooxdu waxay u ambabaxaysaa Maraykanka.

renseignements *nom masculin pluriel* Macluumaad. **Je peux vous donner des renseignements sur ce sujet.** Waxaan ku siin karaa macluumaad ku saabsan mowduucan.

renverser *verbe transitif* Daadi. **J'ai accidentellement renversé ton verre.** Waxaan si kamma' ah u daadiyay cabitaankaaga (koobkaaga).

répandre *verbe transitif* 1. Firdhi. **Le fermier répand les graines sur le sol.** Nin beeraleyda ihi wuxuu iniinyaha ku firdhinayaa dhulka. 2. Daadi. **Qui a répandu l'eau sur la table?** Yaa biyaha ku daadiyay miiska? 3. Seyr. **J'ai répandu peu d'eau sur la table pour enlever la tache.** Waxaan in yar oo biyo ah ku sayray miiska si aan uga bi'iyo waxa ku yiil (waxa ku ba'ay).

réparer *verbe transitif* Dayactir. **Il répare ma voiture.** Wuxuu dayactirayaa gaarigayga.

repas *nom masculin* Cuntayn (quraac/qado/casho). **Le petit-déjeuner est le premier repas de la journée.** Quraacdu waa cuntaynta kowaad ee maalinta.

répéter *verbe transitif* Ku celi.. **Répétez, s'il vous plaît.** Fadlan ku celi.

répondre *verbe transitif indirect* Ka jawaab. **Je dois répondre à ce message important rapidement.** Waa inaan si dhaqso ah uga jawaabo farriintan muhiimka ah.

réponse *nom féminin* Jawaab. **Ta réponse est incomplète, je voudrais plus de détails.** Jawaabtaadu ma dhammaystirna, waxaan jeclaan lahaa faahfaahinno dheeri ah.

reporter *nom masculin, féminin* Wariye. **Elle est reporter.** Iyadu waa wariye.

reporter *verbe transitif* 1. Dib u dhig. **Mon frère a reporté son voyage.** Walaalkay wuxuu dib u dhigay safarkiisa. 2. U celi. **Elle reporte des livres dans la bibliothèque.** Waxay buugag u celinaysaa maktabadda.

se reposer *verbe pronominal* Naso. **Je veux me reposer après une longue journée de travail.** Waxaan doonayaa inaan nasto maalin dheer oo shaqo ah kaddib.

reprendre *verbe intransitif* Dib u ambaqaad, dib ugu noqo. **Je vais reprendre mes études en septembre.** Waxaan dib ugu noqonayaa waxbarashadayda bisha Sebteembar.

reprise *nom féminin* 1. Jeer (waqti). **Elle m'a appelé à deux reprises.** Waxay i soo wacday laba jeer. 2. Dib u bilaabis. **La reprise des négociations entre les deux parties.** Dib u bilaabista wadaxaajoodyada u dhexeeya labada dhinac.

réservation *nom féminin* 1. Carbuunasho qol (hoteel) ama miis (maqaayad). **Nous avons besoin de confirmer notre réservation d'hôtel avant notre voyage.** Waxaannu u baahannahay inaannu xaqiijinno carbuunashadeenna hoteelka ka hor safarkeenna 2. Qabsasho xilli safar. **Elle a annulé sa réservation sur le vol Garoowe-Kismaayo.** Way baajisay duullimaadkeedii Garoowe-Kismaayo.

réserver *verbe transitif* Qabso (miis ama kursi maqaayad ama shineemo). **Je vais téléphoner au restaurant pour réserver une table.** Waxaan telefoon u dirayaa maqaayadda si aan miis u qabsado.

respect *nom masculin* Xushmad, qaddarin. **Il est important de traiter chaque individu avec respect et dignité.** Waa muhiim in qof walba loola dhaqmo si xushmad iyo sumcad-dhowr leh.

respecter *verbe transitif* 1. Dhowr (xeer). **Il est important de respecter les règles de la route en conduisant.** Waa muhiim in la dhowro xeerarka waddada marka gaari la wado. 2. Xushmee, qaddari. **Je respecte mes parents.** Waan xushmeeyaa waalidkay.

respirer *verbe intransitif* Neefso. **Pouvez-vous respirer par le nez?** Miyaad sanka ka neefsan kartaa?

ressentir *verbe transitif* Dareen. **Je ressens une douleur.** Waxaan dareemayaa xanuun.

restaurant *nom masculin* Maqaayad. **Je veux manger au restaurant.** Waxaan doonayaa inaan ka soo cunteeyo maqaayadda.

rester *verbe intransitif* 1. Joog. **Salaad reste à la maison ce weekend.** Salaad wuxuu joogayaa guriga fasaxa toddobaadkan. 2. Sii ool, ku sii jir. **La voiture va rester au garage pendant trois jours de plus.** Gaarigu wuxuu garaashka sii oollayaa seddex maalmood oo kale. 3. Sii (lala isticmaalo sifo). **Restez assis.** Sii fadhi. 4. Har (wax). **Il reste trois canettes de peinture.** Waxaa haray seddex daasadood oo rinji ah. 5. Harsan (waqti). **Il reste du temps.** Waxaa harsan waqti.

résultat *nom masculin* Natiijo. **Le résultat de l'examen est meilleur que je ne l'espérais.** Natiijada imtixaanku way ka fiican tahay sida aan rajaynayay.

retard *nom masculin* 1. Soo daahis. **Il s'est excusé pour son retard.** Wuxuu raalligelin ka bixiyay soo daahistiisa. 2. Daah (lala isticmaalo être en...). **Elle est en retard.** Way daahday.

retarder *verbe transitif* Dib u dhig in yar (lala isticmaalo *de*). **Le vol est retardé de trois heures.** Duullimaadka waxaa dib loo dhigay seddex saac.

retarder *verbe intransitif* 1. Dambee (saacad).**Ta montre retarde.** Saacaddaadu way dambeysaa. 2. Dambee (casriga). **Je retarde sur mon temps.** Waan dambeeyaa (waqtiga lama socdo).

retenir *verbe transitif* 1. Xusuuso. **Je retiens ce que tu as dit.** Waan xusuustaa waxa aad tiri. 2. Cesho (si ay hawl u sii socoto). **L'homme d'affaires a retenu les services de l'expert.** Ninka ganacsadaha ah wuu ceshaday adeegyada khabiirka (muu sii daynin).

retentir *verbe intransitif* Yeer. **La cloche de l'école retentit tous les jours.** Dawanka dugsigu wuu yeeraa maalin kasta.

retirer *verbe transitif* 1. Ka saar (meel). **Pourquoi la mère a-t-elle retiré son fils de l'école?** Maxay hooyadu wiilkeeda uga saartay dugsiga? 2. Iska Siib. **L'enfant peut retirer son manteau?** Miyuu ilmuhu iska saari karaa koorkiisa? 3. La noqo. **L'investisseur ne retirera pas son soutien au nouveau projet.** Maalgeliyuhu lama noqon doono taageeradiisa mashruuca cusub. 4. La bax (ciidan). **Le gouvernement va retirer ses troupes.** Dowladdu way la baxaysaa ciidankeeda. 5. La soo bax (lacag). **Elle veut retirer de l'argent du**

distributeur automatique. Waxay doonaysaa inay lacag kala soo baxdo mishiinka lacagta.

se retirer *verbe pronominal* Hawlgab noqo. **Elle s'est retirée il y a cinq ans.** Waxay hawlgab noqotay shan sano ka hor.

retour *nom masculin* Soo noqosho. **Je vais te rencontrer à ton retour.** Waxaan kula kulmayaa soo noqoshadaada (kaddib).

se retrouver *verbe intransitif* Iskugu imow. **Est-ce que nous pouvons nous retrouver à la gare?** Miyaannu iskugu iman karnaa saldhigga tareenka?

réunion *nom féminin* Kulan. **Nous avons une réunion importante demain matin.** Waxaannu leennahay kulan muhiim ah berri subax.

réussir *verbe intransitif* Guuleyso. **Je pense qu'il peut réussir dans l'entreprise.** Waxay ila tahay inuu ganacsiga ku guuleysan karo.

réussite *nom féminin* Guul. **La réussite du projet dépend de nos efforts.** Guusha mashruucu waxay ku xiran tahay dadaalladeenna.

rêve *nom masculin* 1. Riyo. **Je ne me souviens pas de mon rêve d'hier soir.** Maan xasuusto riyadaydii xalay. 2. Himilo. **Je ne vais pas abandonner mes rêves.** Maan ka tagayo himiladayda.

réveiller *verbe transitif* Toosi. **L'horloge me réveille à cinq heures.** Saacaddu waxay i toosisaa shanta (subaxnimo).

se réveiller *verbe pronominal* Toos. **Je me réveille tôt tous les matins.** Waxaan toosaa goor hore aroor walba.

revenir *verbe intransitif* Soo noqo. **Quand vas-tu revenir de tes vacances?** Goormaad ka soo noqonaysaa fasaxaaga?

revue *nom féminin* Majalad (wargeys toddobaadle ama bille ah). **Il lit une revue culturelle.** Wuxuu akhrinayaa majallad dhaqameed.

rhume *nom masculin* Hargab, duray. **Elle a attrapé rhume.** Hargab ayay qaadday (hargab ayaa ku dhacay).

riche *adjectif* Taajir, taajirad. **Elle est très riche et peut se permettre d'acheter tout ce qu'elle veut.** Waa taajirad oo way goyn kartaa inay iibsato wax kasta oo ay rabto.

rideau *nom masculin* Daah. **Il ferme les rideaux.** Wuxuu xirayaa daahyada (isu geynayaa).

rien *adverbe* 1. Waxba. **Rester sans rien faire.** Iska joog adiga oo aan waxba samaynaynin.

rien *pronom indéfini* 1. Waxba. « **Qu'est-ce que tu fais ce soir ? » — « Rien. »** "Maxaad caawa samaynaysaa ?" — "Waxba". 2. Waxba (lala isticmaalo *ne*...) **Je n'ai rien mangé.** Waxba maan cunin.

rigoler *verbe intransitif* Qosol. **Je rigole.** Waan qoslayaa.

rire *verbe intransitif* Qosol. **Elle rit.** Way qoslaysaa.

risqué, risquée *adjectif* Halis ah. **Je ne conduis pas quand il pleut parce que c'est risqué.** Maan wado gaari marka roob uu da'ayo waayo waa halis.

risquer *verbe transitif* Halisgali. **Nous ne devrions pas risquer notre santé pour une situation incertaine.** Waa inaynan caafimaadkeenna halis u galinin xaalad aan la hubin.

rivière *nom féminin* Wabi. **Allons à la rivière plus tard.** Aannu hadhow tagno wabiga.

robe *nom féminin* Dhar. **Je dois choisir quelle robe porter pour la fête.** Waa inaan doorto dharka aan u xiranayo xafladda.

robinet *nom masculin* Qasabad, tuubbo. **Eau du robinet.** Biyaha qasabadda.

roi *nom masculin* Boqor. **Le lion est le roi des animaux.** Libaaxu waa boqorka xayawaanka.

rôle *nom masculin* Kaalin. **Elle joue un rôle actif dans les programmes éducatifs.** Waxay kaalin firfircoon ka qaadataa (ciyaartaa) barnaamijyada waxbarashada.

roman *nom masculin* Qiso (buug). **Il lui a fallu deux ans pour écrire son dernier roman.** Waxay isaga ku qaadatay labo sano inuu qoro buuggiisa qisada ugu dambeeyay.

roman, romane *adjectif* Roomaan ah. **L'art roman.** Farshaxankii Roomaanka.

rouge *adjectif* Cas. **J'ai une voiture rouge.** Waxaan leeyahay gaari cas.

rougir *verbe intransitif* Casow, guduudo. **Le fer rougit au feu.** Birtu way ku casaataa dabka.

rouler *verbe transitif* 1. Laab. **Il roule le tapis.** Wuxuu laabayaa katiifadda. **2.** Jar (tareen/gaari). **Ce train roule à cent vingt kilomètres par heure.** Tareenkani wuxuu jaraa boqol iyo labaatan kiiloomitir saacaddiiba.

royal, royale, royaux *adjectif* Boqortooyo. **Pouvoir royal.** Awood boqortooyo.

rue *nom féminin* Waddo. **La ville a une rue principale.** Magaaladu waxay leedahay waddo weyn.

S

sa *adjectif possessif* -kiisa/-tiisa (loo isticmaalo magac keli ah oo dheddig ah aan shaqal ku billaabanin). **Sa voiture est rouge.** Gaarigeedu wuu cas yahay/gaarigiisu wuu cas yahay. **C'est sa voiture.** Waa gaarigiisa/waa geerigeeda.

sable *nom masculin* Carro. **Les enfants jouant sur le sable.** Carruurtu waxay ku ciyaarayaan carrada.

sac *nom masculin* Boorso. **J'ai oublié mon sac quelque part.** Waxaan boorsadayda ku illoobay meel.

saisir *verbe transitif* 1. Qabo. **Elle a saisi le voleur par le bras.** Waxay tuugga ka qabatay gacanta. 2. Fahan. **Je n'ai pas saisi ce que tu as dit.** Maan fahmin waxa aad tiri. 3. La wareeg (maxkamad). **La cour va saisir les biens du trafiquant de drogue.** Maxkamaddu waxay la wareegaysaa hantida maandooriye dhoofiyaha. 4. Ka faa'iideyso fursad (lala isticmaalo *l'opportunité*). **Je vais saisir l'opportunité de voyager à l'étranger pour apprendre une nouvelle langue.** Waan ka faa'iidaysanayaa fursadda inaan u safro dibedda si aan u barto af cusub.

saison *nom féminin* Xilli. **La saison des pluies.** Xilliga roobka.

salade *nom feminin* Ansalaato. **J'ai mangé une délicieuse salade de fruits.** Waxaan cunay ansalaato miro ah oo dhadhan fiican leh.

salaire *nom masculin.* Mushaar. **La société paie les salaires le dernier jour de chaque mois.** Shirkaddu waxay mushaarka bixisaa maalinta ugu dambaysa ee bil kasta.

sale *adjectif* Wasakh ah, wasakhaysan. **Il y a des vêtements sales sur le sol.** Dhar wasakhaysan ayaa dhulka yaalla.

salle *nom féminin* Qol. **La salle est grande et lumineuse.** Qolku wuu weyn yahay oo iftiin badan yahay. **Salle à manger.** Qolka lagu cunteeyo.

salon *nom masculin* Qolka fadhiga. **Le salon est destiné à recevoir les invités.** Qolka fadhiga waxaa loogu talagalay in lagu soo dhoweeyo martida.

saluer *verbe transitif* Salaan. **Il a salué son oncle.** Wuxuu salaamay adeerkiis.

salut *nom masculin* 1. Waad salaaman tahay. **Salut, comment vas-tu?** Waad salaaman tahay, iska warran? 2. Salaan. **Salut militaire.** Salaan ciidan.

samedi *nom masculin* Sabti. **Samedi, mon père vient à la maison.** Sabtida, aabbahay ayaa guriga imanaya.

sang *nom masculin* Dhiig. **Quel animal a du sang froid?** Xayawaankee baa leh dhiig qabow?

sans *préposition* La'aan, la'. **Il est sans emploi.** Wuu shaqo la' yahay.

santé *nom féminin* Caafimaad. **Tu dois t'occuper de ta santé.** Waa inaad daryeesho caafimaadkaaga.

satisfaire *verbe transitif* Haqabtir. **Le chef a réussi à satisfaire les exigences des clients.** Cunto-kariyuhu wuu ku guuleystay inuu haqabtiro baahida macaamiisha

satisfait, satisfaite *adjectif* Ku qanacsan (lala isticmaalo *de*). **Je suis très satisfait de ma voiture.** Waxaan aad ugu qanacsanahay gaarigayga.

sauf *préposition* 1. Marka laga reebo. **Tout le monde va assister à la réunion sauf lui.** Qof kasta wuu ka soo qeybgalayaa shirka marka laga reebo isaga. 2. Mooyee. **Je vais me promener, sauf il fait mauvais.** Waan soo socsoconayaa, hawada oo xun mooyee. **Sauf si nous trouvons une solution, nous devrons fermer l'entreprise.** Inaannu xal helno mooyee, waa inaannu xirno shirkadda.

sauter *verbe intransitif* Bood. **Je vais sauter par-dessus ce mur.** Waxaan ka boodayaa darbigan.

sauver *verbe transitif* Badbaadi. **Les médecins ont sauvé la vie du manifestant blessé.** Dhakhtarradu way badbaadiyeen nolosha bannaanbaxaha dhaawacmay. **La fille a sauvé un chat assoiffé.** Gabartu way badbaadisay bisaddii oommanayd.

savoir *verbe transitif* Og. **Je ne sais pas où elle est allée.** Maan ogi meesha ay aadday. **Savez-vous où**

il va? Miyaad og tahay meesha uu tagayo?

savon *nom masculin* Saabuun. **Une barre de savon est sur la table.** Xabbad saabuun ah ayaa miiska saaran.

science *nom féminin* Saynis. **La science nous aide à comprendre le monde qui nous entoure.** Saynisku wuxuu naga caawiyaa inaannu fahanno adduunka nagu wareegsan.

séance *nom féminin* 1. Waqti (hawl gaar ah oo la qabanayo). **Une séance de travail de groupe.** Waqti shaqo kooxeed la qabanayo. 2. Fadhi (maxkamad/baarlamaan). **La séance va bientôt commencer.** Fadhigu wuxuu billaabanayaa dhowaan.

seau *nom masculin* Baaldi. **J'ai besoin d'un seau pour nettoyer la cour.** Waxaan u baahanahay baaldi si aan u nadiifiyo daaradda.

second, seconde *adjectif* Labaad. **C'est ma seconde voiture.** Waa gaarigayga labaad.

seconde *nom féminin* 1. Ilbiriqsi. **Warsame est arrivé trente secondes après moi.** Warsame wuxuu yimid soddon ilbiriqsi aniga kaddib. 2. Fasalka labaad (lala isticmaalo *être en*). **Ma sœur est en seconde.** Walaashay waxay ku jirtaa fasalka labaad.

secouer *verbe transitif* Lul, rux. **Secoue la bouteille avant de boire.** Lul dhalada ka hor cabista.

secourisme *nom masculin* Gargaarka degdegga ah. **Elle a un brevet de secourisme.** Waxay haysataa shahaado gargaarka degdegga ah.

secrétaire *nom masculin et féminin* Xoghayn. **Elle est secrétaire.** Iyadu waa xoghayn.

sécurisé, sécurisée *adjectif* Badqab leh. **Un environnement sécurisé.** Deegaan badqab leh.

sécurité *nom féminin* 1. Badqab. **La sécurité est une priorité dans cette entreprise.** Badqabku waa mudnaanta shirkaddan (waxa ay mudnaanta siinayso). 2. Amni. **La police assure la sécurité du lieu.** Booliska ayaa sugaya amniga goobta.

sein *nom masculin* Naas. **La mère donne le sein à l'enfant.** Hooyadu naas bay siinaysaa ilmaha.

séjour *nom masculin* Joogis. **Mon ami m'a offert un logement pendant mon séjour.** Saaxiibkay ayaa hoy i siiyay intii aan joogay (joogistaydii halkaas).

sel *nom masculin* Cusbo. **Le sel est sur la table.** Cusbadu waxay saaran tahay miiska.

sélectionner *verbe transitif* Xul. **Qui va sélectionner les participants?** Yaa xulaya ka qeybgalayaasha?

selon *préposition* 1. Sida uu/ay... **Selon Faysal, le directeur va assister à la réunion hebdomadaire de cette semaine.** Sida uu Faysal sheegay, maareeyuhu wuxuu ka soo qeybgalayaa kulanka toddobaadlaha ah ee toddobaadkan. 2. Si waafaqsan. **Je dois dépenser selon mes moyens.** Waan inaan wax u qarashgareeyo si waafaqsan waxa i soo gala.

semaine *nom féminin* Toddobaad. **Je vais à la plage une fois par semaine.** Waxaan tagaa xeebta hal jeer toddobaadkiiba. **La semaine dernière, je suis allé au cinéma.** Toddobaadkii hore waxaan tagay shineemada.

sembler *intransitif verbe* 1. U muuqo. **Elle a dix-huit ans mais elle semble plus jeune.** Iyadu waa siddeed iyo toban jir laakiin waxay u muuqataa in ay ka da' yar tahay. 2. La ah (marka fikrad la dhiibanayo). **Il me semble que le nouveau plan exige un engagement.** Waxay ila tahay in qorshaha cusub u baahan yahay u heellanaan (in loo guntado).

sens *nom masculin* 1. Macne. **Elle cherche le sens d'un mot dans le dictionnaire.** Waxay macnaha erey ka raadinaysaa qaamuuska. 2. Dareen. **Les cinq sens (vue, ouïe, odorat, goût, toucher).** Shanta dareen (aragga, maqalka, urinta, dhadhanka, taabashada). 3. Jiho. **Cette voiture ne**

va pas dans le bon sens. Gaarigani uma socdo jihada saxda ah

sentir *verbe intransitif* 1. Caraf (lala isticmaalo *bon*). **Ça sent bon.** Si fiican ayuu u soo carfayaa. 2. Soo ur (lala isticmaalo *mauvais*). **Ça sent mauvais.** Si xun buu u soo urayaa.

sentir *verbe transitif* 1. Urso, uri. **Je peux sentir cette fleur?** Miyaan ubaxan ursan karaa? 2. Dareen. **Je sens le froid.** Waxaan dareemayaa qabowga.

sérieux, sérieuse *adjectif* Dhab ka ah. **Il faut être sérieux dans le travail.** Waa inay dhab kaa tahay shaqadu.

serveur, serveuse *nom* Adeege, adeegto (maqaayad). **Un serveur nous a servi des boissons.** Adeege ayaa cabitaanka noo keenay.

service *nom masculin* 1. Adeeg. **Ce restaurant a un service impeccable.** Maqaayaddani waxay leedahay adeeg hufan (aad u heer sarreeya). 2. Axsaan, abaal. **Je vous récompenserai pour ce service.** Waan kaa abaalmarin doonaa axsaanka. **Il m'a rendu un service.** Axsaan buu ii sameeyay

servir *verbe intransitif* 1. U adeeg. **Je vous sers?** Miyaan kuu adeegaa? 2. U shaqee (waajib). **Elle sert son pays.** Waxay u shaqaysaa dalkeeda. 3. Keen ama samee cunto. **Je vais servir le dîner à mes invités ce soir.**

Waxaan caawa casho u samaynayaa martidayda.

ses *adjectif possessif* -kuwii-sa/-kuweeda. **Ses chats sont dans la voiture.** Bisadaheedu waxay ku jiraan gaariga. **Ses livres sont dans le sac de voyage.** Buugaggiisu waxay ku jiraan boorsada safarka.

seul, seule *adjectif* Keli. **Je suis seul.** Keligay baan ahay.

seulement *adverbe* 1. Keliya. **Elle va rester deux jours seulement.** Waxay joogaysaa laba maalmood oo keliya. 2. Uun. **C'est une belle fleur, seulement elle coûte cher.** Waa ubax qurux badan, waa qaali uun.

sec, sèche *adjectif* Qallalan. **Les vêtements sont secs.** Dharku way qallalan yihiin.

septembre *nom masculin* Sebteembar. **La rentrée scolaire a lieu en septembre.** Sanad dugsiyeedku wuxuu billowdaa Sebteembar.

si *adverbe d'affirmation* Sidaas. **Je pense que si.** Sidaas baan u malaynayaa.

si *adverbe* 1. Aad. **Ça fait si mal.** Aad bay u xanuun-badan tahay (way i damqaysaa, tusaale nabar). **Le soleil est si chaud aujourd'hui.** Qorraxdu aad ayay maanta u kulushahay. 2. Lala isticmaalo sifo loona isticmaalo la yaab. **Elle a une si belle voiture!** Gaariga ay leedahay qurux-badanaa! 3. Aad ...oo (lala isticmaalo *que*). **L'homme est si grand qu'il ne peut passer pas cette porte.** Ninku aad buu u dheer yahay oo ma dhaafi karo albaabkan. 4. Haa (marka laga jawaabayo su'aal diidmo ah). **Tu n' aimés pas ça? — Si.** Maad jeclid taas? Haa (waan jeclahay).

si *conjonction* Haddii. **Si je vais au marché plus tard, je dois me lever tôt.** Haddii aan hadhow suuqa tagayo, waa inaan goor hore tooso.

siècle *nom masculin* Qarni. **L'église a été construite au dix-huitième siècle.** Kaniisadda waxaa la dhisay qarnigii siddeed iyo tobnaad.

siège *nom masculin* 1. Kursi. **J'ai réservé un siège près de la fenêtre dans le train.** Waxaan qabsaday kursi u dhow daaqadda tareenka. 2. Xarun (shirkad). **Le siège de la compagnie est à Kismaayo.** Xarunta shirkaddu waxay ku taallaa Kismaayo.

sifflet *nom masculin* Firimbi. **L'arbitre utilise un sifflet au stade de football.** Garsooruhu wuxuu isticmaalaa firimbi gegida kubadda cagta.

signature *nom féminin* Saxiix. **J'ai apposé ma signature au bas d'un contrat.** Waxaan saxiixayga kaga qoray xagga hoose heshiiska.

signer *verbe transitif* Saxiix. **Le président signera une nouvelle loi.** Madaxweynuhu wuxuu saxiixi doonaa sharci cusub.

signification *nom masculin* Macne. **Je ne comprends pas la signification de ce mot.** Maan fahmin macnaha ereygan.

silencieux, silencieuse *adjectif* 1. Aamusan. **Aadan est silencieux.** Aadan wuu aamusan yahay. 2. Deggan (goob). **Une rue silencieuse.** Waddo deggan (aan buuq badnayn). 3. afgaaban. **Un homme silencieux.** Nin afgaaban.

simple *adjectif* Fudud. **Y a-t-il une solution simple au problème?** Miyuu jiraa xal fudud ee dhibaatada?

situation *nom féminin* Xaalad **Combien de temps cette situation va durer?** Intee bay xaalladani sii soconaysaa?

se situer *verbe pronominal* Ku ool. **L'école est située près du centre de santé.** Dugsigu wuxuu ku yaallaa rugta caafimaadka agteeda

société *nom féminin* 1. Shirkad. **Elle travaille pour une société de publicité.** Waxay u shaqaysaa shirkad xayaysiin. 2. Bulsho. **Les coutumes d'une société.** Caadooyinka bulsho.

sœur *nom féminin* Waalaasha. **Ma sœur habite à Boorame.** Walaashay waxay deggan tahay Boorame.

soif *adjectif* Oomman (lala isticmaalo *avoir*) **Vous avez soif?** Miyaad oomman tahay?

soigner *verbe transitif* 1. Daawee. **Ce médicament peut-il soigner votre maladie?** Miyay daawadani daaweyn kartaa jirradaada? 2. Daryeel. **Combien de fois par mois tu soigne ton jardin?** Immisa jeer bishii ayaad daryeeshaa beertaada (guriga)?

se soigner *verbe pronominal* 1. Is daryeel. **Je dois me soigner.** Waa inaan is daryeelo. 2. Is daawee. **La malade peut se soigner.** Bukaanku wuu is daawayn karaa.

soir *nom masculin* 1. Maqrib. **Le repas du soir.** Cuntaynta maqribka. 2. Caawa (lala isticmaalo *ce*). **Ce soir, je vais sortir avec mes amis au cinéma.** Caawa waxaan saaxiibbaday la tagayaa shineemada.

sol *nom masculin* Dhul (shamiitaysan), sagxad. **Le sol de la chambre.** Dhulka qolka hurdada.

soldat *nom masculin* Askari. **Le soldat n'a pas ouvert le feu sur la voiture.** Askarigu xabbad kuma ridin (furin) gaariga.

soleil *nom masculin* Qorrax. **Il fait du soleil.** Qorrax badan ayaa jirta.

Somalie *nom féminin* Soomaaliya. **Il y a une étoile au milieu du drapeau de la Somalie.** Xiddig ayaa dhexda kaga taalla calanka Soomaaliya.

sombre *adjectif* Mugdi ah. **On ne peut pas lire un journal dans une chambre sombre la nuit.** Laguma akhrin karo wargeys qol mugdi ah habeenkii.

somme *nom féminin* Wadar (xisaab). **La somme de trois et cinq est huit.** Wadarta seddex iyo shan waa siddeed.

sommeil *nom masculin* Hurdo. **Le sommeil est important pour la santé.** Hurdadu waa u muhiim caafimaadka.

Est-ce que le manque de sommeil provoque de l'anxiété? Miyay hurdo la'aantu keentaa walwal?

son *adjectif possessif* (lahaansho loo isticmaalo magac keli ah oo lab ah). **C'est mon livre.** Waa buuggayga.

son *nom masculin* Dhawaaq. **J'entends le son d'un tambour.** Waxaan maqlayaa dhawaaqa durbaan.

sonner *verbe intransitif* Yeer. **Le téléphone a sonné.** Telefoonka ayaa yeeray.

sorte *nom féminin* Nooc. **Deux sortes de gâteaux.** Laba nooc oo doolshe ah. **Je ne sais pas quelle sorte de gâteau elle préfère.** Ma ogi nooca doolshe ah ay jeceshahay.

sortir *verbe intransitif* 1. Bax. **Elle est sortie pour acheter des légumes.** Way baxday si ay u soo iibsato khudrad. 2. Ka soo bax (lala isticmaalo *de la/du*). **Elle est sortie de la pharmacie.** Way ka soo baxday farmashiyaha.

sortir *verbe transitif* 1. Saar (bannaanka). **Je sors la poubelle.** Waxaan saarayaa caagga qashinka. 2. Soo saar (wax meel yaalla ama ku jira). **Elle va sortir la voiture du garage.** Waxay gaariga ka soo saaraysaa garaashka. 3. Soo saar (buug). **La société va sortir un livre pour son dixième anniversaire.** Shirkaddu waxay soo saaraysaa buug ku saabsan toban guuradeeda.

soudain, soudaine *adjectif* Aan la filaynin. **Une explosion soudaine.** Qarax aan la filaynin.

soudainement *adverbe* Si lama-filaan ah. **L'oiseau vola vers l'homme soudainement et s'assit sur sa main.** Shimbirtu si lama-filaan ah ayay ugu duushay dhinaca ninka oo ku fadhiisatay gacantiisa.

souffler *verbe intransitif* Dhac (dabayl). **Un vent froid souffle.** Dabayl qabow ayaa dhacaysa.

souffrir *verbe intransitif* 1- Il-daran. **L'homme souffre beaucoup.** Ninku aad buu u il-daran yahay (wuu xanuunsanayaa). 2. Hay (xanuun). **Où souffrez-vous?** Halkee lagaa hayaa? 3. Hay (lala isticmaalo *de*, marka aad sheegayso waxa ku haya). **Je souffre du froid.** Waxaa i haya qabow.

souhait *nom masculin* 1. Salaan (la isu diro). **Les souhaits de bonne année.** Salaamaha sanadka cusub.

2. Doonis, qasdi. **Mon souhait était de devenir médecin.** Doonistaydu waxay ahayd inaan dhakhtar noqdo.

souhaiter *verbe transitif* U rajee. **Je vous souhaite de réussir.** Waxaan kuu rajaynayaa inaad guuleysato.

soulager *verbe transitif* 1. Bi'i (xanuun). **Ce médicament peut vous soulager de votre mal de tête.** Daawadani way kaa bi'in kartaa madax-xanuunka. 2. Ka furo/nasi qof shaqo. **Elle va soulage mon travail pour plus tard.** Hadhow ayay shaqada iga nasin doontaa.

soulever *verbe transitif* Kor u qaad. **Tu peux soulever cette valise?** Miyaad kor u qaadi kartaa shandaddan?

souligner *verbe transitif* Hoosta ka xarriiq. **Soulignez tous les noms dans le premier paragraphe.** Hoosta ka xarriiq magacyada oo dhan ku jira faqradda kowaad.

soupe *nom féminin* Maraq. **J'aime la soupe de légumes.** Waan jeclahay maraqa khudaarta.

souper *nom masculin* Casho. **Le souper est prêt.** Cashadu waa diyaar.

souper *verbe intransitif* Cashee. **Je vais souper plus tard.** Waxaan cashaynayaa hadhow.

sourcil *nom masculin* Sunniyo. **Ses sourcils sont noirs.** Sunniyaheedu way madow yihiin.

sourire *nom masculin* Dhoollacaddayn. **Il accueille les invités avec le sourire.** Wuxuu martida ku soo dhoweeyaa dhoollacaddayn.

souris *nom féminin* Walo (doolli aad u yar). **Le chat chasse une souris.** Bisadu waxay eryanaysaa walo.

sous *préposition* Hoos. **Tes clés sont sous la table.** Furayaashaadu waxay hoos yaallaan miiska.

sous-vêtement *nom masculin* Matante. **J'ai besoin d'acheter des sous-vêtements.** Waxaan u baahanahay inaan soo iibsado matantayaal.

soutenir *verbe transitif* 1. Taageersan. **Nous soutenons le plan économique du district.** Waannu taageersannahay qorshaha dhaqaale ee degmada. 2. Taageer. **Sagal soutient activement des organisations caritatives pour aider les personnes dans le besoin.** Sagal waxay si firfircoon u taageertaa hay'adaha samafalka si loo caawiyo dadka baahan.

souvenir *nom masculin* Xusuus. **Elle a un bon souvenir pour les noms.** Waxay xusuus fiican u leedahay magacyada.

se souvenir *verbe pronominal* Xusuuso. **Je me souviens de son nom.** Waan xusuustaa magaceeda.

souvent *adverbe* Inta badan. **Je vais souvent à la salle de sport.** Waxaan inta badan tagaa goobta jirdhiska.

spécial, spéciale *adjectif* Gaar ah. **La bibliothèque va adjoindre une section spéciale pour les livres rares et anciens.** Maktabaddu waxay soo kordhinaysaa qeyb gaar ah oo loogu talagalay buugagga naadirka iyo qadiimka ah.

sport *nom masculin* Ciyaar. **Le basket est mon sport préféré.** Kubadda kolaygu waa ciyaarta aan ugu jeclahay.

squelette *nom masculin* Qalfoof. **À la naissance, le squelette humain est composé de 300 os.** Marka la dhasho, qalfoofta aadamigu waxay ka kooban tahay 300 oo lafood.

stationnement *nom masculin* 1. Meel baabuurta la dhigto. **Stationnement interdit.** Meel baabuurta la dhigto ma laha. 2. Gaari-dhigasho. **Le tarif de stationnement varie en fonction des heures de la journée.** Lacagta gaari-dhigashadu way kala duwan tahay oo ku xiran tahay saacadaha maalinnimada.

stylo *nom masculin* Qalin. **J'ai deux stylos.** Waxaan haystaa laba qalin.

subir *verbe transitif* Soo gaar (dhaawac). **Le soldat a subi des blessures mineures en arrêtant le voleur avec un couteau.** Dhaawac fudud ayaa soo gaaray askariga markuu xirayay tuuggii mindida haystay.

subsister *verbe intransitif* Ku noolow (lacag). **Elle n'a que soixante-dix euros par semaine pour**

subsister. Waxay haysataa toddobaatan Yuuro oo keliya si ay ugu noolaato. toddobaadkiiba.

subvenir *verbe intransitif* Masruuf (lala isticmaalo *aux besoins de*). **Il subvient aux besoins de sa famille.** Wuu masruufaa qoyskiiba.

sucré, sucrée *adjectif* Sonkor leh, macaan. **Les enfants aiment les aliments sucrés.** Carruurtu waxay jecel yihiin cunto sonkor leh.

sucre *nom masculin* Sonkor. **Il y a beaucoup de sucre dans le thé.** Sonkor badan ayaa shaaha ku jirta.

sud *nom masculin invariable* Koonfur. **Je vais vers le sud.** Waxaan u sii socdaa dhinaca koonfurta.

sueur *nom féminin* Dhidid. **Est-ce que la sueur est le symbole du travail et de l'effort?** Miyuu dhididku yahay calaamadda shaqada iyo dadaalka?

suggérer *verbe transitif* Soo jeedi. **Peut-il suggérer une solution?** Miyuu xal soo jeedin karaa?

suite *nom féminin* 1. Inta hartay. **Je lirai la suite du roman demain.** Waxaan akhrin doonaa berri inta hartay ee qisada. 2. Judhiiba, isla markiiba (lala isticmaalo *tout de*). **Il est revenu tout de suite.** Wuu soo noqday judhiiba (isla markiiba).

suivre *verbe transitif* 1. Dabasoco. **Je suis le guide.** Waxaan dabasocdaa hagaha. 2. Ku dabajir. **La**

police suit le suspect. Boolisku wuxuu ku dabajiraa tuhmanaha. 3. Ku xig (waqti). **La semaine qui suit la semaine de la conférence.** Toddobaadka ku xiga toddobaadka shirka. 4. La soco (fahan). **Si vous êtes trop vite, je ne peux pas vous suivre.** Haddii aad si degdeg ah u hadasho, maan ku fahmi karo.

se suivre *verbe pronominal* Isku xiga. **Les élèves se suivaient dans la file pour aller au self.** Ardaydu way isku xigxigeen safka si ay u tagaan biibitada (meel cunto fudud lagu iibiyo).

sujet *nom masculin* 1. Maaddo (waxbarasho). **L'histoire est un sujet intéressant.** Taariikhdu waa maaddo xiise leh. 2. Mowduuc. **Quel est le sujet du roman?** Waa maxay mowduuca qisadu? 3. Fal sameeye (naxwe).

supplémentaire *adjectif* Dheeri ah. **Il y a une couverture supplémentaire dans le tiroir supérieur de l'armoire.** Buste dheeri ah ayaa ku jira qeybta sare ee armaajada.

supporter *nom masculin* Taageere. **L'équipe de football a un grand nombre de supporters passionnés.** Kooxda kubbadda cagtu waxay leedahay taageerayaal badan oo xamaasadaysan.

supporter *verbe transitif* 1. Hay. **Trois piliers supportent le toit.** Seddex tiir ayaa haya saqafka. 2. U babacdhig, iska celi. **Le bateau peut supporter la tempête.** Doontu way u babacdhigi kartaa duufaanta. 3. U adkayso. **Je ne peux plus supporter la chaleur de l'été.** Maan u adkaysan karo kulka xagaaga.

supposer *verbe transitif* Malee. **Je suppose que tu vas arriver en retard.** Waxaan u malaynayaa inaad soo daahayso.

sur *préposition* Dul, kor. **Le chat dort sur la table.** Bisaddu waxay dul huruddaa miiska.

sûr, sûre *adjectif* 1. Hub. **Tu es sûre?** Miyaad hubtaa? 2. La isku hallayn karo. **Guuleed est-il sûr?** Miyaa Guuleed la isku hallayn karaa? **C'est sûr qu'il pleuvra.** Waa la hubaa in roob di'i doono.

surface *nom féminin* Oogo. **Veuillez nettoyer la surface de la table.** Adigoo mahadsan nadiifi oogada miiska (miiska korkiisa).

surprendre *verbe transitif* Ka yaabi. **Les résultats de l'examen m'ont surpris.** Natiijooyinka imtixaanku way iga yaabiyeen.

surtout *adverbe* Gaar ahaan. **Cette maison est très froide, surtout en hiver.** Gurigani aad ayuu u qabow yahay, gaar ahaan waqtiga qaboobaha.

survenir *verbe intransitif* 1. Dhac. **L'accident est survenu soudainement.** Shilku si lama-filaan ah ayuu u dhacay. 2. Soo bax (arrin). **Des problèmes inattendus peuvent survenir à tout moment.** Dhibaatooyin aan la filaynin ayaa soo bixi kara mar uun.

survivre *verbe transitif* 1. Ka badbaad. **L'homme a survécu à l'accident de voiture.** Ninku wuu ka badbaaday shilkii baabuurka. 2. Ka nolol-dambee. **Ma mère a survécu quinze ans à ma père.** Hooyaday waxay aabbahay ka nolol-dambaysay shan iyo toban sanad. .

T

tabac *nom masculin* Tubaako. **Il est temps d'interdire la publicité sur le tabac.** Waxaa la joogaa waqtigii la mamnuuci lahaa xayaysiinta tubaakada.

table *nom féminin* Miis. **Nous allons manger à la table de la cuisine ce soir.** Waxaannu caawa ku cuntaynaynaa miiska jikada.

tableau *nom masculin* 1. Sawir-gacmeed. **Un tableau de Chagall.** Sawir-gacmeed uu Chagall sameeyay. 2. Summad, boor. **Le magasin a un nouveau tableau.** Dukaanku wuxuu leeyahay summad cusub (magaca dukaanka uu ku qoran yahay). 3. Tax. **Le tableau des prix est affiché à l'entrée du magasin.** Taxa sicirrada wuxuu ku dhegsan yahay albaabka dukaanka. 4. Sabbuurad. **Le professeur écrit la**

date sur le tableau. Baruhu taariik-hda ayuu ku qoray sabbuuradda.

taché *nom féminin* Hawl. **Elle a accompli sa tâche.** Waxay gudatay hawsheeda. **Qui peut faire cette tâche en une heure?** Yaa hawshan hal saac ku qaban kara?

taille *nom féminin* Cabbir. **Cette chemise est à votre taille.** Shaati-gan waa cabbirkaaga (wuu ku le'eg yahay).

tailleur *nom masculin* Dawaar, harqaan. **Elle a acheté une belle jupe chez le tailleur.** Waxay goonno qurux badan ka soo iibsa-tay dawaarka.

se taire *verbe pronominal* Afka qabso, aamus. **Il vaut mieux par-fois se taire plutôt que de dire des bêtises.** Mararka qaarkood in afka la qabsado ayaa ka wanaagsan in wax nacasnimo ah lagu hadlo.

talon *nom masculin* Cirib. **Elle porte des chaussures à talons hauts pour la fête ce soir.** Waxay kabo cirbo dhaadheer leh u xiranaysaa xafladda caawa.

tambour *nom masculin* Durbaan. **J'entends le son du tambour.** Waxaan maqlayaa dhawaaqa durbaan.

tandis que *conjonction* Inta../intii... **Je lisais un livre tandis que j'atten-dais le bus.** Buug baan akhrinayay intii aan sugayay baska.

tant *adverbe* Aad. **Il l'aime tant.** Aad buu iyada u jecel yahay.

tante *nom féminin* Eeddo/habaryar. **Ma tante est infirmière.** Eeddaday waa kalkaaliso.

tapis *nom masculin* Katiifad. **Le chat dort sur le tapis.** Bisaddu waxay dul jiiftaa katiifadda.

te *pronom personnel* 1. Ku. **Je t'ai donné un stylo**. Waxaan ku siiyay qalin. 2. Kuu. **Je te remercie.** Waan kuu mahadcelinayaa.

tel, telle *adjectif* 1. Sidan/tan oo kale. **Avec un tel plan, nous pouvons créer des emplois pour les jeunes.** Qorshe sidan oo kale ah waxaannu shaqooyin ugu abuuri karnaa dhal-linyarada. 2. Sida. **Une voiture telle qu'une Mercedes coûte cher.** Gaari sida Mercedes ah waa qaali.

téléphone portable *nom masculin* Telefoonka gacanta. **Je vais appeler mon ami sur son téléphone por-table.** Waxaan ka wacayaa saaxiib-kay telefoonkiisa gacanta.

téléphoner *verbe intransitif* 1. Tele-foon dir. **Je peux téléphoner?** Miyaan telefoon diri karaa? 2. Soo wac. **Elle va te téléphoner plus tard.** Way ku soo wacaysaa hadhow.

téléviseur *nom masculin* Telefi-shin. **Nous avons regardé la finale du championnat sur notre nou-veau téléviseur.** Waxaannu telefi-shinkeenna cusub ka daawannay ciyaartii kama dambaysta ahayd ee horyaalka

télévision *nom féminin* Telefishin. **Je n'ai pas de television.** Ma lihi telefishin

témoignage *nom masculin* Marqaati-fur. **Le juge a écouté attentivement les témoignages avant de prononcer son verdict.** Garsooruhu si feejignaan leh ayuu u dhegeystay marqaatifurrada ka hor intuusan ku dhawaaqin go'aankiisa.

tempête *nom féminin* Duufaan. **Parfois, une tempête peut endommager un navire.** Mararka qaarkood duufaan way waxyeellayn kartaa markab.

tenir *verbe transitif* Hay, qabo. **Tu peux tenir cette tasse, s'il te plaît?** Miyaad koobkan qaban kartaa, adigoo mahadsan?

tenter *verbe transitif* 1. Isku day. **Je tente chercher une voiture nouvelle à un prix raisonnable.** Waxaan isku dayayaa inaan raadiyo gaari cusub oo qiime maangal ah jooga. 2. Ku sigo (inaad wax samayso, lala isticmaalo *être, tenter* isu beddesho *tenté(e)*). **Je suis tenté de dormir au bureau.** Waxaan ku sigtay inaan xafiiska seexdo.

terme *nom masculin* 1. Erey. **Les termes politiques somaliens.** Ereyada siyaasadda ee Soomaalida.

2. Muddo. **À court terme, nous avons besoin d'un bureau pour trente-cinq employés.** Muddo gaaban, waxaannu xafiis ugu baahannahay shan iyo soddon shaqaale ah. **En d'autres termes.** Marka si kale loo yiraahdo.

terminer *verbe transitif* Dhammaystir. **Je dois terminer mon rapport avant demain matin.** Waa inaan dhammaystiro warbixintayda ka hor berri subax.

terrain *nom masculin* Dhul. **La société va acquérir un terrain pour construire des bureaux.** Shirkaddu waxay yeelanaysaa dhul si ay xafiisyo u dhisto.

terre *nom féminin* Dhul. **La terre et le soleil.** Dhulka iyo qorraxda.

tête *nom féminin* Madax. **J'ai mal à la tête.** Madaxa ayaa la iga hayaa.

texte *nom masculin* Qoraal. **Ce texte est intéressant et je vais le lire plus tard.** Qoraalkan xiise ayuu leeyahay oo hadhow baan (isaga) akhrinayaa.

thé *nom masculin* Shaah. **Une tasse de thé.** Koob shaah ah.

théâtre *nom masculin* Golaha murtida iyo madaddaalada. **Le théâtre de Mogadiscio est près de la bibliothèque nationale.** Golaha Murtida iyo Madaddaalada Muqdisho wuxuu u dhow yahay maktabadda qaranka.

thon *nom masculin* Tuuna. **Thon est un poisson que l'on trouve en l'océan Indien.** Tuuna waa kalluun laga helo Badweynta Hindiya.

timide *adjectif* Xishood ka muuqdo. **Sourire timide.** Dhoollacaddeyn uu xishood ka muuqdo.

tirer *verb transitif* Jiid. **Il tire la table dans la cuisine.** Wuxuu jiidayaa kursiga yaalla jikada.

titre *nom masculin* 1. Cinwaan (buug/wargeys). **Quel est le titre de ce livre?** Waa maxay cinwaanka buuggan? 2. Shahaado. **J'ai obtenu un titre universitaire en sciences politiques.** Waxaan shahaado jaamacadeed ku qaatay cilmiga siyaasadda. 3. Darajo. **Quel est le titre du prince?** Waa maxay darajada amiirku? 4. Warqadda milkiilaha guri. **Le titre de propriété prouve la possession légale de la maison.** Warqadda milkiilaha waxay caddaynaysaa lahaanshaha sharciga ah ee guriga.

toi *pronom personnel* Adiga. 1. (Loo isticmaalo amar). **Toi, viens ici.** Adiga, halkan imow. 2. Kaaga/taada (lala isticmaalo *à...*). **Est-ce que cette clé est à toi?** Miyuu furahani yahay kaaga?

toilettes *nom féminin* Musqul (had iyo jeer waa jamac oo loo qoro sidan: *les toilettes*). **Les toilettes sont situées au bout du couloir.**

Musqushu waxay ku taallaa dhammaadka marinka.

tomate *nom féminin* Yaanyo. **Avez-vous acheté des tomates?** Miyaad soo iibisay yaanyo?

tomber *verbe intransitif* 1. Dhac (dhulka). **Il est tombé.** Wuu dhacay. 2. Ka dhac. (lala isticmaalo *laisser*). **J'ai laissé tomber mon stylo.** Qalinka ayaa iga dhacay.

tongs *nom féminin pluriel* Dacas. **Où sont mes tongs?** Aaway dacaskayga?

tort *nom masculin* Qaldan (lala isticmaalo *avoir*). **Tu as tort.** Waad qaldan tahay.

tôt *adverbe* Goor hore. **Je me couche tôt.** Waxaan seexdaa goor hore. **Je me lève tôt.** Waxaan toosaa goor hore.

toucher *verbe transitif* Taabo. **Je ne veux pas toucher ce serpent.** Maan rabo inaan maskan taabto.

toujours *adverbe* 1. Badanaa. **Il est toujours à l'heure.** Badanaa waqtiga muu ka soo dibdhaco. 2. Wali. **Je t'aime toujours.** Wali waan ku jeclahay.

tour *nom féminin* Taawar. **La tour Eiffel.** Taawarka Eiffel.

tour *nom masculin* 1. Mar (kaltanka). **C'est ton tour.** Waa markaaga. 2. Soo socsoco (lala isticmaalo *faire...*) **Je fais un tour plus tard.** Waan soo socsoconayaa hadhow.

tourner *verbe transitif* 1. Leexo. **Tournez à gauche au prochain feu.** Bidix uga leexo nalalka baabuurta haga ee dambe. 2. Wareeji. **Il tourne la roue.** Wuxuu wareejinayaa shaagga. 3. Wareeg. **La Terre tourne autour du Soleil.** Dhulku wuxuu ku wareegaa qorraxda. 4. Rogrog. **Elle a tourné les pages du livre.** Waxay rogrogtay bogagga buugga.

tourner *verbe intransitif* Dhanaanow (caano xumaaday). **Le lait a tourné.** Caanuhu way dhanaanaadeen.

tousser *verbe intransitif* Qufac. **Ibraahim a toussé toute la nuit.** Ibraahim xalay oo dhan wuu qufacayay.

tout, toute, toute, toutes *adjectif* 1. Dhan. **J'ai lu tout le livre.** Waan akhriyay buugga oo dhan. 2. Oo dhan. **J'étais là toute la nuit.** Waxaan joogay halkaas habeenkii oo dhan. 3. Kasta. **Tous les jours.** Maalin kasta. 5. Oo dhan (dad). **Toutes les filles.** Gabdhaha oo dhan. 6. Kasta **Toutes les nuits.** Habeen kasta.

toutefois *adverbe* Hase yeeshee. **J'aimerais aller au cinéma ce soir. Toutefois, je n'ai pas assez d'argent.** Waxaan jeclaan lahaa inaan shineemada aado caawa. Hase yeeshee, maan haysto lacag igu filan.

tradition *nom féminin* Hidde. **Les cultures du monde entier ont des traditions différentes.** Dhaqammada adduunka oo dhan waxay leeyihiin hidde kala duduwan.

traduction *nom féminin* Tarjumid. **La traduction de ce livre est disponible en plusieurs langues.** Turjumidda buuggan waxaa lagu helaa dhowr af (dhowr af baa buuggan loo tarjumay).

traduire *verbe transitif* Tarjum. **Je dois traduire ce texte de l'allemand au français.** Waa inaan qoraalkan Jarmalka ah u tarjumo Faransiis.

train *nom masculin* Tareen. **Le train a un peu de retard ce matin.** Tareenku wuu soo daahay in yar saaka.

traîner *verbe intransitif* Jiitan (waqti). **Le service dans ce restaurant traîne.** Adeegga maqaayaddan wuu jiitamaa.

traîner *verbe transitif* 1. Jiid. **Elle traîne sa valise.** Waxay jiidaysaa shandaddeeda.

traité *nom masculin* Heshiis. **Le deux pays ont signé un traité de paix pour mettre fin au conflit.** Labada dal waxay saxiixeen heshiis nabadeed si loo soo afjaro colaadda.

traitement *nom masculin* Daawo. **Les chercheurs travaillent**

ensemble pour développer un traitement contre cette maladie. Cilmibaarayaashu si wadajir ah ayay uga shaqaynayaan inay daawo ugu soo saaraan cudurkan.

traiter *verbe transitif* Ula dhaqan. **Les gardes ont bien traité les prisonniers.** Ilaaliyayaashu si wanaagsan ayay maxaabiista ula dhaqmeen.

tranchant, tranchante *adjectif* Afaysan. **Un couteau tranchant.** Mindi afaysan.

se transformer *verbe pronominal* Isu beddel. **Le bois de chauffage s'est transformé en cendres après avoir brûlé dans la cheminée.** Xaabadu waxay isu beddeshay dambas kaddib markay ku shidantay oogta (dabka shidan).

travail *nom masculin* Shaqo. **Je vais rentrer chez moi après le travail.** Waxaan ku soo noqonayaa gurigayga shaqada kaddib. **Je dois finir ce travail rapidement.** Waa inaan si dhaqso ah u dhammeeyo shaqadan.

travailler *verbe intransitif* Shaqee. **Il travaille pour une entreprise.** Wuxuu u shaqeeyaa shirkad.

travers *nom masculin* 1. Dhex (lala isticmaalo *à*). **Nous avons marché à travers les bois.** Waxaannu dhex soconnay keynta. 2. Ka gudub (lala isticmaalo *à ... marcher*) . **L'enfant ne peut pas**

marcher à travers la route sans aide. Cunuggu kama gudbi karo jidka caawin la'aan.

traverser *verbe transitif* Ka gudub. **Je regarde dans les deux sens avant de traverser la route.** Waxaan eegaa labada dhinac inta aanan ka gudbin waddada.

très *adverbe* Aad. **Elle est très en colère.** Aad ayay u caraysan tahay.

se tromper *verbe pronominal* Qaldan. **Elle s'est trompée en pensant que la réunion était demain.** Way qaldanayd inay u malaynaysay in shirku berri yahay.

se tromper *verbe transitif* Sir. **J'ai été trompé par mon ami.** Waxaa i siray saaxiibkay.

trésor *nom masculin* Qasnad. **Personne ne sait où le trésor a été enterré.** Qofna ma oga meesha khasnadda lagu aasay.

triangle *nom masculin* Seddex xagal. **Un triangle a trois angles.** Seddex xagal wuxuu leeyahay seddex xaglood.

triste *adjectif* Murugaysan. **Il est parfois triste.** Mararka qaarkood wuu murugaysan yahay. **Elle était triste de partir en laissant derrière elle sa famille et ses amis.** Way murugaysnayd inay ka tagtay qoyskeeda iyo saaxiibbadeed.

trop de *adverbe* 1. Saa'id ah. **Tu manges trop de sucreries, c'est**

mauvais pour la santé. Macmacaan saa'id ah baad cuntaa, wuu u daran yahay caafimaadka. 2. Aad. **Il regarde la télé trop.** Aad buu telefishinka u daawadaa.

trou *nom masculin* God. **La route est pleine de trous.** Waddada waxaa ka buuxa godad.

trouver *verbe transitif* 1. Hel. **Il a trouvé un emploi.** Wuxuu helay shaqo. **Elle ne trouve pas mes lunettes.** Way la'dahay ookiyaalaheeda.

se trouver *verbe pronominal* 1. Ku ool (meel). **Où se trouve la poste?** Halkee ayay boostadu ku taallaa? **Le bâtiment se trouve au milieu d'un parc.** Dhismuhu wuxuu ku dhex yaallaa beer nasasho. 2. Ah (lala isticmaalo sifo sida *libre*). **Si vous vous trouvez libre demain, nous pouvons aller au musée.** Haddii aad berri firaaqo tahay, waxaannu tagi karnaa matxafka.

tu *pronom personnel* 1. Waxaad, waad, baad. ayaad. **Tu joues très bien de la guitare.** Si fiican ayaad kitaarka u garaacdaa. 2. Miyaad. **Est-ce que tu as un animal?** Miyaad leedahay xayawaan (marabbi ah)?

tuer *verb transitif* Dil. **Le lion a tué une girafe.** Libaaxu wuxuu dilay geri.

U

un *article indéfini* Hal. **Un homme.** Hal nin.

un *numeral* Hal. **Il y a un crayon sur la table.** Waxaa miiska saaran hal qalin rasaas.

une *article indéfini* Qodob loo istimaalo magac keli ah oo dheddig ah. **J'ai une voiture rouge.** Waxaan leeyahay gaari cas.

une *numeral* Hal. **Une voiture.** Hal baabuur.

université *nom féminin* Jaamacad. **L'université est située dans le centre-ville.** Jaamacaddu waxay ku taallaa bartamaha magaalada.

usine *nom féminin* Warshad. **Une usine est près du supermarché.** Warshad ayaa u dhow suuqyaraha.

utile *adjectif* Waxtar leh. **Il m'a fourni des informations utiles.** Wuxuu i siiyay macluumaad waxtar leh.

utilisation *nom féminin* Isticmaal. **L'utilisation responsable des ressources naturelles est bénéfique pour l'environnement.** U isticmaalka kheyraadka dabiiciga ah si mas'uuliyad leh wuxuu waxtar u leeyahay deegaanka.

utiliser *verbe transitif* Isticmaal. **Puis-je utiliser l'eau de pluie?** Miyaan isticmaali karaa biyaha roobka?

V

vacances *nom féminin pluriel* 1. Fasax. **Pendant les vacances d'été,**

nous irons à la plage. Inta lagu jiro fasaxa xagaaga, waxaannu tagi doonnaa xeebta. 2. Ku jir fasax (lala isticmaalo *être en*). **Je suis en vacances.** Waxaan ku jiraa fasax.

vache *nom féminin* Sac. **La vache et son veau.** Saca iyo wayshiisa.

valable *adjectif* Aan dhacsanayn. **Votre passeport n'est pas valable.** Baasaboorkaagu wuu dhacsan yahay.

valeur *nom féminin* Qiime. **La valeur de la maison a augmenté de vingt pour cent.** Qiimaha gurigu wuxuu kordhay boqolkiiba labaatan.

vallée *nom féminin* Dooxo. **Elle vit dans une petite ville située dans une vallée.** Waxay ku nooshahay magaalo yar oo ku taalla dooxo.

valoir *verbe intransitif* Joog (sicir). **Ça vaut combien?** Immisa ayuu kaasi joogaa (waa immisa)?

vase *nom masculin* Weel. **Le vase est sur la table.** Weelku wuxuu saaran yahay miiska.

végétarien, végétarienne *nom* Hilib-macune, hilib-macunto. **Je ne mange pas de viande, je suis végétarien.** Maan cuno hilib, waxaan ahay hilib-macune

vélo *nom masculin* Bushkuleeti. **J'aime faire du vélo le matin pour me maintenir en forme.** Waxaan jeclahay inaan subaxnimada

wado bushkuleeti si jirkaygu u dhisnaado.

vendeur, vendeuse *nom* Iibiye, iibiso. **C'est un problème rencontré par de nombreux vendeurs.** Waa dhibaato ay iibiyeyaal badan la kulmaan.

vendre *verbe transitif* Iibi. **Elle vend sa voiture.** Way iibinaysaa gaarigeeda. **à vendre** waa iib.

vendredi *nom masculin* Jimce. **Qu'est-ce que tu fais vendredi?** Maxaad samaynaysaa Jimcaha?

venir *verbe intransitif* Imow. **Est-ce qu'il vient plus tard?** Miyuu imanayaa hadhow?

vent *nom masculin invariable* Dabayl. **Le vent du nord.** Dabaysha Waqooyiga.

vérifier *verbe transitif* Hubi. **Je dois vérifier mes emails avant de partir.** Waa inaan hubiyo eemayladayda inta aanan bixin.

vérité *nom féminin* Run. **Elle a dit la vérité.** Waxay sheegtay runta.

verre *nom masculin* Koob. **Je bois un verre d'eau tous les matins avant sept heures.** Waxaan cabaa koob biyo ah ka hor toddobada subax kasta.

verrouiller *verbe transitif* Xir ama quful albaab. **Je verrouille la porte à clé avant de partir.** Waxaan albaabka ku xiraa fure inta aanan bixin.

vers *préposition* 1. U. **Il va vers la gare.** Wuxuu u socdaa saldhigga tareenka. 2. Meel u dhow. **Elle habite vers l'aéroport.** Waxay deggan tahay meel u dhow gegida diyaaradaha. 3. Meelahaas (waqti). **Elle part à la maison vers deux heures.** Waxay guriga ka baxaysaa labada meelahaas.

verser *verbe transitif* Shub. **Est-ce que tu peux me verser un verre d'eau?** Miyaad ii shubi kartaa galaas biyo ah?

vert, verte *adjectif* Cagaar ah. **Elle porte une robe verte pour le mariage.** Waxay arooska u xiranaysaa dhar cagaar ah.

vertu *nom féminin* Wanaag. **La bienveillance est une vertu.** Naxariis-badnidu waa wanaag.

veste *nom féminin* Jaakad. **Il porte une veste noire.** Wuxuu xiran yahay jaakad madow.

vêtement *nom masculin* Dhar. **Le meilleur des vêtements de travail.** Dharka ugu fiican ee shaqada.

viande *nom féminin* Hilib. **La viande est-elle plus chère que le poisson?** Miyuu hilib ka qaalisan yahay kalluunka?

victoire *nom féminin* Guul. **Une victoire électorale.** Guul doorasho.

vide *adjectif* Maran. **Une boîte vide.** Sanduuq maran.

vie *nom féminin* 1. Nolol. **Y a-t-il de la vie sur Mars?** Miyay nolol ka jirtaa Maaris (meeraha)? 2. Nool (lala isticmaalo *être en* macnahan). **Il est en vie.** Wuu nool yahay.

vieillir *verbe intransitif* Gabow. **Le lion a vieilli.** Libaaxu wuu gaboobay.

vieux, vieil, vielle *adjectif* Da' weyn. **Mon grand-père est un homme vieil.** Awoowgay waa nin da' weyn.

village *nom masculin* Tuulo. **J'habite dans un petit village.** Waxaan ku noolahay tuulo yar.

ville *nom féminin* Magaalo. **Préférez-vous la ville à la campagne?** Miyaad magaalada ka jeceshahay miyiga?

vin *nom masculin* Khamro, khamri. **Il ne boit pas de vin rouge.** Muu cabo khamro cas.

visage *nom masculin* Waji. **Un joli visage.** Waji qurux-badan.

visite *nom féminin* 1. Booqasho. **Je vais rendre visite à mon oncle.** Waxaan booqasho ugu tagayaa abtigay 2. Baaris caafimaad. **Le centre médical va effectuer environ 100 visites aujourd'hui.** Rugta caafimaadku waxay maanta samaynaysaa boqol baaris caafimaad meelahaas.

visiter *verbe transitif* Booqo. **Je voudrais visiter Holland l'été**

prochain. Waxaan jeclaan lahaa inaan booqdo Holland xagaaga soo socda.

vite *adverbe* 1. Degdeg. **Je ne conduis pas ma voiture vite.** Maan u wado gaarigayga si degdeg ah. 2. Dhaqso-badan. **Je prends le taxi, c'est plus vite.** Waxaan qaadanayaa tagsi, isaga ayaa dhaqso-badan.

vitesse *nom masculin* Xawaare. **Je voyageais à une vitesse de 80 mph.** Waxaan ku socday xawaare ahaa 80 mayl saacaddiiba.

vivre *verbe intransitif* Ku nool. **Ses parents vivent en Afrique.** Waalidkeed waxay ku nool yihiin Afrika.

vocabulaire *nom masculin* Ereyo. **Le vocabulaire français.** Ereyada Faransiiska.

voici *préposition* Waa kan; waa tan. **Voici mon frère et voilà ma mère.** Waa kan walaalkay oo waa taas hooyaday. **Me voici.** Waa i kan.

voie *nom féminin* Dhabbe, wadiiqo. **Cette voie mène à la plage.** Dhabbahan wuxuu tagaa xeebta. 2. Waddo. **La voie ferrée traverse la ville.** Waddada tareenku waxay martaa magaalada.

voir *verbe intransitif* Arag. **Pouvez-vous voir la différence entre les deux voitures?** Miyaad arki kartaa kala-duwanaanta u dhexeysa labada gaari?

voisin,voisine *nom* Daris. **Mon voisin a deux chats.** Dariskaygu laba bisadood ayuu leeyahay.

voisinage *nom masculin* Xaafad. **Elle habite dans un voisinage plaisant.** Waxay ku nooshahay xaafad wanaagsan.

voiture *nom féminin* Gaari. **Je conduis ma voiture tous les jours au travail.** Waxaan gaarigayga u wataa shaqada maalin kasta.

voix *nom féminin* 1. Cod. **J'entends la voix d'un vieil homme.** Waxaan maqlayaa codka nin da' weyn. 2. Cod (siyaasadda). **Une personne, une voix.** Hal qof, hal cod.

vol *nom masculin* 1. Duullimaad. **Mon vol est à 3 heures.** Duullimaadkaygu waa seddexda. 2. Xatooyo. **Les deux hommes vont nier avoir commis un vol et une escroquerie.** Labada nin way beenin doonaan inay ku kaceen xatooyo iyo wax is dabamarin.

voler *verbe transitif* Xad. **Qui a volé la voiture du manager?** Yaa xaday gaariga maamulaha?

voleur, voleuse *nom* Tuug, tuugad. **La police a attrapé le voleur.** Boolisku wuxuu qabtay tuugga. **Le voleur a essayé de s'échapper.** Tuuggu wuxuu isku dayay inuu baxsado.

vos *adjectif possessif* (Cayime lahaansho loo isticmaalo magac

137

jamac ah 'waxa la leeyahay'). **Vos clés sont dans ta poche.** Furayaashaadu waxay ku jiraan jeebkaada.

votre *adjectif possessif* Kaaga/taada. **Votre livre est sur le bureau.** Buuggaagu miiska ayuu saaran yahay.

vouloir *verbe intransitif* Doon, rab. **Si vous voulez aller au centre-ville, prenez un bus.** Haddii aad doonayso inaad tagto bartamaha magaalada, raac bas. **Il veut vendre sa voiture.** Wuxuu rabaa inuu gaarigiisa iibiyo.

vous *pronom personnel* 1. Waxaydin, waydin, waxaad. **Vous êtes mes amis.** Waxaydin tihiin saaxiibbaday. 2. Waxaad, waad. **Vous êtes prête.** Waxaad tahay diyaar. 3. Idin. **Je vous donne des livres.** Waxaan idin siinayaa buugag. 4. Ku. **Est-ce qu'elle vous a donné un chat?** Miyay ku siisay bisad?

voyage *nom masculin* Safar. **Je prévois de partir en voyage cet été.** Waxaan qorshaynayaa inaan safar galo xagaagan.

voyager *verbe intransitif* Safar. **J'aime voyager à l'étranger.** Waxaan jeclahay inaan dibedda u safro.

voyageur, voyageuse *nom* Qof safar ku jira, musaafur. **Les voyageurs vont changer de train à Rome.** Dadka safraya waxay tareenka ka beddelanayaan Rooma.

vrai, vraie *adjectif* Run. **Une histoire vraie.** Sheeko run ah. **C'est vrai.** Waa run.

vraiment *adverbe* Run ahaantii. **Elle a vraiment réussi.** Run ahaantii way guuleysatay.

vue *nom féminin* 1. Aragga. **L'œil est l'organe de la vue.** Ishu waa xubinta aragga. 2. Muuqaal. **La vue de ce paysage peut émerveiller tout le monde.** Muuqaalka qaab-dhuleedkan wuu ka yaabin karaa qof kasta. 3. U muuqo (meel, lala isticmaalo *offrir*). **Ma maison offre une vue sur la mer.** Gurigayga badda ayaa u muuqata.

W

week-end *nom masculin* Fasaxa-toddobaadka (Sabti iyo Axad). **Qu'est-ce que tu fais ce week-end?** Maxaad samaynaysaa fasaxa-toddobaadkan?

X

xylophone *nom masculin* Nooc muusig ah, saylafoon. **Haashim joue du xylophone.** Haashim wuxuu tumaa saylafoon.

Y

y *adverbe* Halkaas. **Ils y sont allés l'été dernier.** Waxay halkaas tageen xagaagii hore.

y *pronom* Taas/waxaas. **J'y pense.** Waan ka fekerayaa taas.

yeux *nom pluriel masculin* Indho. **Ses yeux sont beaux.** Indhaheedu way qurux-badan yihiin.

Z

zéro *nom masculin* Eber. **Zéro plus zéro égal zér**o. Eber lagu daray eber waxay la mid tahay eber.

zoo *nom masculin* Beerta xayawaanka. **Le zoo est situé près des foires.** Beerta xayawaanku waxay ku taallaa carwada agteeda.

www.ingramcontent.com/pod-product-compliance
Lightning Source LLC
Chambersburg PA
CBHW060043210326
41520CB00009B/1250